Tina Veit-Fuchs

Genießen in der Südsteiermark

Entdeckungen entlang der Weinstraßen

Styria Verlag

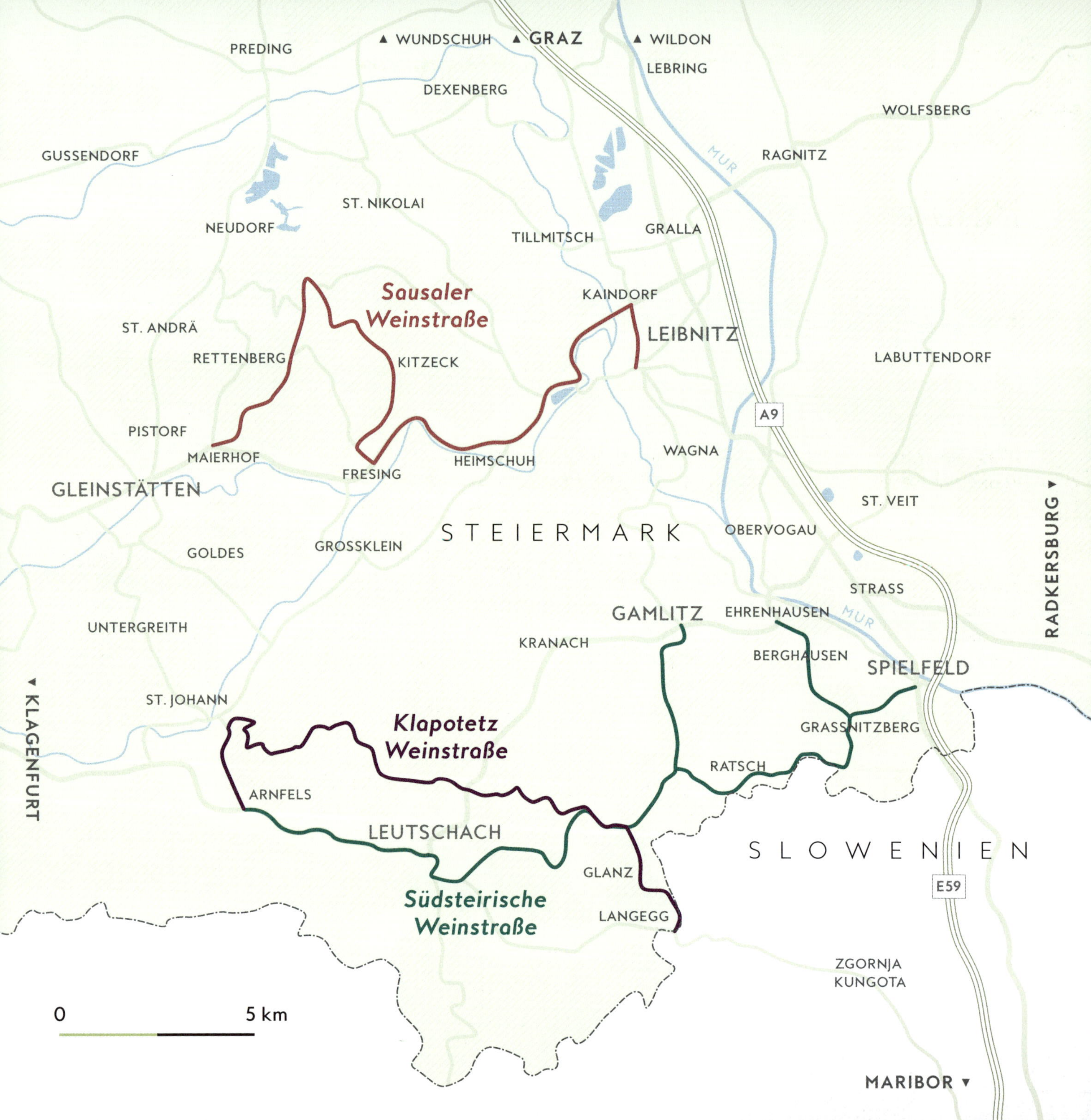
WUNDSCHUH
GRAZ
WILDON
PREDING
LEBRING
DEXENBERG
WOLFSBERG
GUSSENDORF
MUR
RAGNITZ
ST. NIKOLAI
NEUDORF
TILLMITSCH
GRALLA
Sausaler Weinstraße
KAINDORF
ST. ANDRÄ
LEIBNITZ
RETTENBERG
KITZECK
LABUTTENDORF
A9
PISTORF
WAGNA
MAIERHOF
HEIMSCHUH
FRESING
GLEINSTÄTTEN
ST. VEIT
RADKERSBURG
STEIERMARK
OBERVOGAU
GOLDES
GROSSKLEIN
STRASS
GAMLITZ
EHRENHAUSEN
MUR
UNTERGREITH
KRANACH
BERGHAUSEN
SPIELFELD
KLAGENFURT
ST. JOHANN
Klapotetz Weinstraße
GRASSNITZBERG
RATSCH
ARNFELS
LEUTSCHACH
SLOWENIEN
GLANZ
E59
Südsteirische Weinstraße
LANGEGG
ZGORNJA KUNGOTA
0
5 km
MARIBOR

Genießen in der

Südsteiermark

S

Inhalt

Die Wiege des guten Geschmacks

Die Südsteiermark ist mein Sugar Baby", sagt Sänger Peter Kraus (→ siehe Seite 71). „Jeder Platz hat hier seine Kraft", tönt Naturwein-Koryphäe Andreas Tscheppe aus tiefster Überzeugung. „Der Wein ist bei uns menschliches Bindeglied", wringt Künstlerin Angelika Fink (→ siehe Seite 119) selbstbewusst aus. Steirische Toskana? Diesen Vergleich kann hier kaum noch jemand hören. „Sagen Sie das bloß nicht - Sie lösen Würgreflexe bei mir aus", echauffiert sich Essigmacher Felix Weinstock (→ siehe Seite 34) und legt nach: „Es braucht keine Vergleiche. Wir leben in einer einzigartigen, zauberhaften Region. Punkt."

Fest steht: Wer sich nach innen definiert, erhält nach außen eine Wahrnehmung und Letztere ist in der Südsteiermark wesentlich mehr als das Hügelige (wunderschön), das Geschmeidige (entspannend), das Weinige (schmeckt). Das Leben findet hier im Kreislauf statt. Im Geschäft mit der Natur ist die Veränderung die Konstante. Die Landschaft, der Keller, die Früchte der Bäume, die Felder, die Gäste - sie geben den südsteirischen Lebensrhythmus vor. Die ineinandergreifenden Generationen lernen voneinander. Alt und Jung beschleunigen und bremsen sich abwechselnd in den Zyklen ihrer Erfolge. Südsteirer sind Bauern, Gastronomen, Hoteliers, Produzenten, Designer, Handwerker, Künstler, Willensmenschen. Sie wissen gemeinsam zu feiern und zu genießen, arbeiten hart und sind stolz auf das, was sie erschaffen und geschaffen haben.

Die Bereitschaft, sich treiben zu lassen, entscheidet, ob man in diese Region tiefer eintaucht oder nur oberflächlich am Jausenbrettl kratzt. Es ist die Zeit, die, wie immer und überall, den Unterschied macht. Aber ganz egal, wie viele Geschmacks-Heimaten die Südsteiermark parat hält: Genuss nimmt man überall hin mit. Die schönen Erinnerungen, am Gaumen abgespeichert, überdauern die Zeit und schüren zugleich das Verlangen nach einem Wiedersehen. Nach einem „Wiederschmecken". Genau hier. In der Südsteiermark.

Hinweis: Dieses Buch ist kein „siebzehnter" Buschenschankführer und auch kein wahlloses Wein-Sammelsurium. Vielmehr soll das Vorliegende all jenen als Inspiration dienen, die auf ihrer Genusslandkarte Neues entdecken wollen und sich auf das einzigartige Lebensgefühl Südsteiermark einlassen möchten. Ganz egal, ob sie diesen Landstrich bereits bewohnen, besuchen, kennen oder in völlig Unbekanntes vorstoßen.

Das Navi zu den Genusshöhepunkten

Im gesamten Buch finden sich zahlreiche Tipps, die von der Autorin selbst sowie von Menschen, die die Autorin porträtiert hat, stammen. Ausgewählte Symbole dienen als Navi und markieren weitere Genussstationen, Adressen von besonderen Produzenten und Einkaufsmöglichkeiten, Nächtigungsbetrieben, Weingütern, Buschenschänken und besondere Entdeckungen sowie rare Design- und Kunsthighlights. Die Autorin wählt aufgrund der leichteren Lesbarkeit geschlechterneutrale Formulierungen, die Frauen und Männer ansprechen und Botschaften an beide Geschlechter adressieren möchten.

- **RESTAURANT/GASTHAUS**
- **PRODUZENT**
- **NÄCHTIGUNG**
- **BUSCHENSCHANK**
- **WEIN**
- **EINKAUFEN**
- **CAFÉ**
- **ENTDECKEN/ERLEBEN**
- **DESIGN/KUNST**

Tipp: Bedenken Sie, dass Direktvermarkter nicht immer am Hof anzutreffen sind - nehmen Sie am besten vor Ihrem Besuch telefonisch Kontakt auf. Außerdem sei erwähnt, dass nicht jeder Produzent, jeder Kleinbetrieb eine eigene Website betreibt. Deshalb sind bei jenen Betrieben Sammelwebsites angeführt. Da in der Region Gemeinden zusammengelegt wurden, habe ich entschieden jene Adressen anzugeben, die von den Einwohnern selbst verwendet werden und erfahrungsgemäß mit dem Navi zu finden sind.

SÜDSTEIRISCHE
WEINSTRASSE

Des Lebens reiche Fülle

Dort, wo sich die Jahreszeiten in Glas und Teller widerspiegeln und die Landschaft schon beinahe Kunst ist, entspringt im Süden der Steiermark und zum Teil auf slowenischem Boden grenzüberschreitend die Südsteirische Weinstraße. Zwischen Dichte und Weitläufigkeit, zwischen Einfachheit und rauen Charakterköpfen, zwischen günstiger Muskatellermischung und internationalen Top-Weinen lebt und urlaubt man auf diesem Fleck Erde rustikal oder schick oder trendig oder, oder, oder. Wo noch vor Jahrmillionen ein riesiges Meer die Landschaft bedeckte, ist schier unendlicher Facettenreichtum eingezogen, der perlengleich Hügel- und Bergkuppen schmückt. Die Landflucht ist hier zur Landsucht mutiert, was garantiert nicht nur der Strahlkraft des südsteirischen Weines zu verdanken ist.

Die Orte Straß und Sankt Veit stimmen sanft ein, bevor das Navi über die Mur nach Ehrenhausen führt und das Tor zur Südsteiermark preisgibt. Bunt und beschwingt rollt oder schlendert man durch Gamlitz, um wenig später, auf der Kuppe angekommen, das prachtvolle Berghausen bzw. Ratsch und das Sulztal zu bestaunen. Etwas tiefer ins Land eingetaucht, in Leutschach und auf der Remschniggalm, lernt man die kernige, liebevoll verschrobene Seite der Südsteiermark kennen. Die Landesgrenze zu Slowenien quert nach wie vor die eine oder andere Weinzeile, ist aber längst keine Barriere mehr.

Sie werden auf der Südsteirischen Weinstraße im Frühling, Sommer, Herbst und Winter Menschen begegnen, die das Herz am rechten Fleck tragen. Sie packen wirtschaftlich dynamisch an, pflegen eine entspannte Lebensart und stellen eine breite Palette kulinarischer Genüsse – von Buschenschank bis Gourmetrestaurant – und eine außergewöhnliche Pracht an regionalen Produkten für Sie bereit. Gehen Sie schleunigst zum Arzt, wenn Ihr Herz hier nicht vor Ekstase klopft. ■

Die Liebe zur Štajerska

Eines Novemberabends kam der gebürtige Münchner – damals in seinen Mittzwanzigern – zufällig mit Freunden an seinem heutigen Weinhof in Wagendorf vorbei und entschied sich spontan und „mehr mit dem Herzen als dem Rechenstift" künftig Bio-Winzer in der Südsteiermark zu werden. „Die Unvoreingenommenheit, mit der ich diesen Landstrich und auch Slowenien, die Štajerska, weinbaulich für mich entdeckt habe, ist zu einer großen Liebe ausgewachsen. Die Herzlichkeit, mit der mich die Steirer und auch die Slowenen aufgenommen haben, bewirkte, dass ich geblieben bin", erzählt Holger Hagen, während er versucht, der Gastfreundlichkeit seiner Terrier Oscar und Felix Herr zu werden. Hagen entfaltet sich auf drei steirischen Lagen und zwei slowenischen Anbaugebieten und bildet daraus eine geschmackliche Viererkette zwischen Natur, Handwerk, Produkt und den Geschichten dahinter.

„Mein Schaffensraum hat größere geografische Strukturen und deshalb definiere ich meine Heimat zwischen den Bergen des Alpengürtels, der pannonischen Steppe und dem adriatischen Meer", erklärt der Bio-Winzer, in dessen Presshaus bis

zu 25 exotische Palmen, Abbilder seiner Reiselust, überwintern. Ein Sonderling des Weinguts stammt etwa aus dem Vipavatal. „Aus der Zusammenarbeit mit einem kleinen Bauernhof in diesem bekannten Tal im Südwesten Sloweniens entsteht beispielsweise unser kräftiger Chardonnay Vipavo Malvasija." Aber auch in den Ernten der Lage Hochgrassnitzberg, das Herzstück des Betriebs, erschmeckt man Hagens Herkunftspassion.

Empfehlung: Holger produziert auch feine Essige und sein Traubenkernkrokant mit Nüssen ist das perfekte Mitbringsel für jene, die glauben, eh schon alles zu kennen.

WEINGUT HOLGER HAGEN 

Wagendorferstraße 55
8423 St. Veit in der Südsteiermark
T: 0664 638 52 18
W: www.holgerhagen.eu

TIPP

Holgers Lebenspartner Rene Hagen ist Hair- und Make-up-Artist und betreibt im vorderen Trakt des Hofes einen exklusiven Friseursalon.

W: www.renehagen.at

Wenn das Dorf eine Welt wäre

GASTHAUS THALLER

Am Kirchplatz 4
8423 St. Veit
in der Südsteiermark
T: 03453 2508
W: www.gasthaus-thaller.at

Norbert Thaller mag keine Publicity, aber wenn er doch mal ins Plaudern kommt, dann spricht er sicherlich nicht von Regionalität. Denn sein bodenständiges Wirtshaus am Kirchplatz in St. Veit in der Südsteiermark heftet sich an die Zeit, als in der Küche noch niemand von Regionalität sprach. Weil die Küche ohnehin regional war. Seit 1882 lebt, isst, trinkt und feiert man in den Gemäuern der Familie Thaller. Heute tut man dies mittags mit einer inspirierenden Wirtshauskarte und abends im 2-Hauben-Restaurantbereich mit einem mehrgängigen Menü.

„Die Dirigentin in unserem Speiseorchester ist die Natur, die Orchestermitglieder sind zumeist aus der Region“, verspricht die Speisekarte und da ist sie dann doch irgendwie, die Regionalität, gewachsen im 5000 Quadratmeter großen Garten inklusive eigenen Fischteichs, veredelt am großen Holzofen. Thaller sog die Leidenschaft zur Gastronomie schon mit der Muttermilch ein. Die Passion für Naturweine und biodynamische Weingüter aus aller Welt kam erst später hinzu – umso ausgeprägter wird sie mit Mama Rosemarie und Gattin Manuela, die beide im Betrieb Gastlichkeit per excellence zelebrieren, ausgelebt. Wovon dieser Ort noch erzählt? Von Hingabe, Transparenz, Herzlichkeit, Ehrlichkeit und Entschleunigung. Ein Dorfidyll, das Trends hoffentlich noch ganz, ganz lange überdauert.

Thaller ist übrigens Mitglied der kulinarischen Bewegung <47° rare styrian cuisine, zu der auch Gerhard Fuchs, Thomas Riederer, Manuel Liepert, sowie Harald Irka und Luis Thaller zählen. Mehr Infos dazu auf: www.rarestyriancuisine.at

WEINBURGER BIO-KARPFEN 

Schloss Weinburg
8481 Weinburg am Saßbach 35
T: 03472 8236
W: www.genussamfluss.at

Thaller

Des Plutzers Kern

TEICHTMEISTERS KERNÖLSCHUPPEN 

Reichsstraße 135
8472 Obervogau
T: 0664 453 01 09
W: www.steirische-kernkraft.at

Direkt an der B67 zwischen Leibnitz und Spielfeld steht sie, eine Liebeserklärung an ein Produkt, das nicht enger mit der Steiermark verbunden sein könnte. Helga und Rudi Teichtmeister, mehrmals beim Kernöl-Championat ausgezeichnet, haben in ihrem Hofareal in Obervogau einen Kürbiskernöl-Automaten, der 24 Stunden täglich nussige, dickflüssige, frische, südsteirische „Kernkraft" liefert, installiert. Sie nennen ihn liebevoll „Kernölschuppen". Wer will, zapft selbst. Neben dem „grünen Gold" sind auch weitere steirische Köstlichkeiten und bäuerliche Produkte erhältlich.

Händisch „ausgepatzelt", sprich die Kerne vom Fruchtfleisch getrennt, wird am Feld übrigens schon länger nicht mehr. Die Teichtmeisters ernten die Kerne des Styrica, des sogenannten schalenlosen Steirische Kürbiskerns, mit hochkomplexen Vollerntern – auch für andere Bauern. Neben Kernöl produziert das Ehepaar auch Apfelessig sowie Kürbis-Schokolade mit Nougat oder Himbeer-Trüffel-Füllung. ■

Das ist sein Bier

Georg Pock hat seinen Lebensmittelpunkt am Hof seiner Großeltern gefunden. Dort, wo reines Wasser aus dem eigenen Brunnen kommt, kann naturgemäß vieles wachsen: Drei Kinder, ein Familienleben und eine Landwerkstatt samt Genusslabor, in dem Pock seit 2011 Bier braut. „Qualität muss man mit Zeit definieren", ist der Obmann des Vereins „GlaMur – Genuss am Fluss" überzeugt. Getreu seinem Credo „keep it simple" umfasst Pocks Sortiment drei bis vier Biersorten: Das schlanke Pils funktioniert hervorragend als Aperitif, Pocks Standard begleitet deftige Essen und mit einem Black Pock und einem guten Buch lässt sich ein ganzer Abend gestalten.

Das Malz stammt aus Graz, der Hopfen aus Slowenien und das Wasser von besagtem Familienbrunnen. Geliefert wird persönlich und nur im Umkreis von 50 Kilometern, u. a. auch zu den 3-Haubenköchen Harald Irka in die „Saziani Stub'n" und zu „Steirawirt" Richard Rauch nach Trautmannsdorf. „Mein Zugang zu Bier ist authentisch. Kopf und Bauch müssen die Region schmecken", so der Bierbrauer. Zuletzt hat er sich in Zusammenarbeit mit der Marke „Steirerreis" an die Produktion von Reisbier gewagt.

Tipp: Bei einem Besuch am Hof unbedingt das Kürbiskernöl der Pocks probieren!

LANDWERKSTATT & GENUSSLABOR

Georg Pock
Pichla bei Mureck 31a
8481 Weinburg am Saßbach
T: 0664 191 59 63
W: www.pockbier.com

Nordisches im Süden

SABINE GEMMRIG-KNIELY, SOBINI

Buchenstraße 38
8423 St. Veit
in der Südsteiermark
T: 0677 616 541 42
W: www.sobini.net

Als Sabine Gemmrig-Kniely die 50 Jahre alte Nähmaschine ihrer Mutter aus der Schweiz per Zug mit nach Hause nahm, dachte sie nicht daran, eines Tages ein eigenes Modelabel zu gründen. „Anfangs habe ich für meinen Sohn Theo eine Wickelunterlage und Babykleidung genäht. Als Bürokauffrau sehnte ich mich einfach nach kreativem Ausgleich", schildert die Südsteirerin. Irgendwie sei sie dann „dabeigeblieben", erarbeitete ein eigenes Konzept und schälte abseits von verspielten Kinderklamotten 2016 das skandinavisch angehauchte Label Sobini heraus.

„Seither bin ich ständig auf der Suche nach wertvollen Materialien. Bis auf wenige Komponenten verwende ich ausschließlich Bio-Qualität, antiallergen und für Babys zertifiziert." Die zeitlosen Kollektionen umfassen u. a. Schmusetücher, Wendehauben, Stoffrasseln, Strampelsäcke und Windeltaschen. „Ich mag grafische Muster und bin mutig genug, lieber etwas wegzulassen, anstatt irgendwo ein Bärli anzunähen." Auch soziales Engagement ist Gemmrig-Kniely wichtig. Mit ihrem Haubenprojekt „Habibi" unterstützt sie, wachgerüttelt von den Flüchtlingsszenarien an der slowenisch-steirischen Grenze 2015, Kinderhilfsprojekte. ■

WEINSCHANK KEEN

Wagendorferstraße 51
8423 St. Veit in der Südsteiermark
T: 03453 3671
W: www.keen.st
Hier ist Gemmrig-Kniely quasi aufgewachsen

Früchte des Lebens

Am liebsten brennt Robert Selinschek in Jogginghose, ohne Zuschauer. Für meinen Besuch macht er eine Ausnahme – mit Jeanshose. „2007 hat der Opa so viele Zwetschken gehabt und mich überredet, beim Schnapsbrennen zu helfen", erinnert sich der gelernte Tischlermeister. Heute ist Selinschek Edelbrandsommelier und bewirtschaftet 10 Hektar Obstanlagen, von Aroniabeere bis Quitte. „Wenn ich Obst zukaufen muss, dann kenne ich vom jeweiligen Produzenten jeden Baum", unterstreicht der Südsteirer seine Herkunftspassion.

20 Brände und 20 Essige zählt das Sortiment des familiären Hofladens. Jüngster Zugang ist der „Blue Frog"-Gin mit 15 Botanicals – also Aromen, die dem Gin beigefügt werden, darunter regionstypischer Hopfen, Johannisbeere und Aronia. An Whisky und Rum tüftelt man noch und erprobt die Spirituosen in Fässern von Familie Hütter aus Gnas. „Ich dachte nie, dass ich als Direktvermarkter so weit komme", gesteht Selinschek offen. Klare Aromen und natürliche Milde definieren die Produktpalette, aus der Besonderheiten wie der sanfte Rosenblüten-Muskateller-Schnaps und der facettenreiche Ochsenherz-Essig hervorstechen. ■

EDLE TROPFEN SELINSCHEK

Pichla 3
8481 Weinburg am Saßbach
T: 0664 442 07 82
W: www.edle-tropfen.at

Genusshöhepunkte St. Veit

GRENZGÄNGER 

Oft braucht es nicht viele Zutaten: Oliver kocht, seine Frau Carina serviert. Die Speisekarte beheimatet Bio-Gebirgssaibling ebenso wie Backhendl und Beef Tatar.

OLIVER KOCHT
Unterschwarza 1
8471 Spielfeld
T: 0664 416 09 93
W: www.oliver-kocht.at

KAUFMANNSLADEN 

Familie Schögler eint in ihrem gut sortierten Hofladen im Ortsteil Lind viele feine Dinge – von Nudeln über Joghurt bis feinste Tischwäsche, ausgesuchtes Geschirr und saisonale Deko.

HOFLADEN SCHÖGLER
Sonnenstraße 45
8423 St. Veit in der Südsteiermark
T: 03453 2557

FÜR FLEISCHTIGER 

Alois Kreiner liebt seinen Arbeitsplatz direkt vor der Haustür und setzt seine Passion in schmackhafte Rindfleischprodukte um. Frischfleisch auf Vorbestellung erhältlich.

ALOIS KREINER
Weinburg 69
8481 Weinburg am Saßbach
T: 03472 8486 oder 0664 440 88 29

LET IT BEE 

Sie sind der Schwarm seines Lebens. Werner Roskaric' Bienen punkten mit wunderbar mildem Blüten- und Waldhonig aus Gersdorf.

WERNER ROSKARIC
Gersdorferstraße 37
8472 Gersdorf an der Mur
T: 03453 2297

KLEIN, ABER OHO 

Kleiner, feiner Bauernladen mitten in Wagendorf mit exzellenten Mehlsorten. Das Bauernmüsli und die wertvollen Backtipps der Hausherrin sind ein Hit.

HOFLADEN KATTER
Wagendorferstraße 54
8423 Wagendorf
T: 03453 4999

SCHWEINISCH GUT 

Vollblut-Landwirt Josef Neuhold und seine Frau Christina vereinen in ihrer „Steirerei" namensgebend Fleischerei und Bäckerei, Konditorei, Käserei, Imkerei und Schnaps-Brennerei. Highlight: das EdelDuRoc Kräuterschwein.

JAGA'S STEIREREI
Leitersdorf 8
8422 St. Veit in der Südsteiermark
T: 03184 2475 oder 0664 415 35 41
W: www.steirerei.st

URLAUB AM BAUERNHOF

Das Vollholz-Bio-Ferienhaus der Familie Schaden mit mehreren Wohneinheiten befindet sich direkt am Waldrand etwa 150 m vom dazugehörigen Bauernhof entfernt. Ideal für Familien.

HAUS WALDESRUH
Hochfeld 106
8422 St. Nikolai ob Drassling
T: 03184 2756 oder 0664 360 00 63
W: www.hauswaldesruh.at

KLEINOD 

Ein gutes Buch und ein Schaukelstuhl in der Nähe des Tischherdes. Mehr braucht es nicht, um im Vintage-Flair des Herzlhofs zu entschleunigen. Für Individualisten und Ruhesuchende.

HERZLHOF RUPP
Unterschwarza 37
8430 Spielfeld
T: 03453 4336 oder 0664 454 41 15
W: www.herzlhof.at

GANZ OHNE MARKTSCHREIER 

Wetterunabhängig und barrierefrei durch den Feinkostladen Südsteiermark bummeln? Mit über 2500 Produkten - von Senf bis Whisky - eint die Vinofaktur in ihrer Markthalle eine große Auswahl an regionalen Produkten. Im angrenzenden Genusslokal warten Wein, Kaffee und hausgemachte Schmankerl. Führungen sind gegen Voranmeldung buchbar.

VINOFAKTUR & GENUSSREGAL
An der Mur 13
8472 Vogau
T: 03453 40677-0
W: www.genussregal.at

DAS DORF AN DER GRENZE

Im privaten Freilichtmuseum „Handwerkerdörfl" von Gerhard Seher finden sich liebevoll wiederaufgebaute historische Gebäude, die das bäuerliche und handwerkliche Leben vergangener Zeiten detailgetreu repräsentieren. Eine wunderbare Zeitreise für die ganze Familie durch Greißlerei, Töpferei und Wagnerei bis hin zum Keuschlerhaus und Schuster. Das Museum ist nach telefonischer Vereinbarung ganzjährig begehbar.

HANDWERKERDÖRFL
Pichla bei Mureck 71
8481 Weinburg
T: 0664 383 29 63

SÜDSTEIRISCHER „NATIONALPARK"

Der Sugaritzwald in Weinburg am Saßbach ist ein ökologisch wertvolles Naturjuwel, in dem man seltene Tierarten wie den blauen Balkan-Moorfrosch, Wiedehopf- und Eisvögel sowie Schwarzstörche entdeckt. Eine Wanderung durch den 500 Hektar großen, zusammenhängenden Wald mit versteckten Teichen und einladenden Picknickplätzen ist ein nachhaltiges Erlebnis.

Jam-Session

KATI BERNHARD, KATILAD

Spielfelderstraße 8b
8472 Straß in der Steiermark
W: www.facebook.com/KatiLad

Wenn man Marmelade einkocht, ist man erwachsen, sagen die einen. Wer kann, kocht eben ein, was die Natur so hergibt, sagen die anderen. Kati Bernhard arbeitet eigentlich in der Kreditabteilung einer Bank und hat sich nebenbei mit ihrem Marmeladenlabel KATilad den Konserven Marke Eigenbau verschrieben. „Angefangen hat alles mit der Frühstücksmarmelade für den Gastrobetrieb meiner Schwester. Damals war ich noch ganz klassisch mit Marille und Erdbeere unterwegs", erinnert sich die Südsteirerin. Heute bevorzugt sie es, traditionelles Obst und teilweise auch Gemüse kreativ zu interpretieren – fürs Frühstücksbrot, zum Käse, fürs Grillen oder einfach nur zum Auslöffeln. Katis absolute Lieblingsmarmelade ist „Birne & Gin", gefolgt von Erdbeer-Marzipan und dem saisonalen Bratapfel. Die Früchte für ihre Marmeladen („bitte bloß nicht Chutney dazu sagen!") stammen z. B. vom Silberberg, von Fruchtbrenner Franz Tinnauer und aus dem Garten ihrer Tante. Im Sommer, wenn die Jahreszeit alles hergibt, was sie kann, wäre Kati wohl manchmal gerne eine Krake mit acht Armen. Ständiges Rühren der Zuckermasse im Topf, weil sie sonst anbrennt, gleichzeitig Marmeladegläser auskochen, Schaum abschöpfen, füllen, etikettieren. „Inspiration hole ich mir aus der Natur. Mein Lieblingsplatz: die Moarhäuser in Ratsch."

Tipp: Zu kaufen gibt es diese Köstlichkeiten im s' Fachl (→ siehe Seite 27).

WEINSTADL HOLLER

Am Rosenberg 14
8472 Straß in der Steiermark
T: 03453 5078
W: www.wedding.holler-weine.at
Tipp: Die Hochzeitslokation öffnet ihre Tore auch für nicht heiratswütige Gesellschaften ab 10 Personen.

REBENHOF MOARHÄUSER

Ratsch 2
8461 Ratsch an der Weinstraße
T: 03453 2135 oder 0699 11 666 283
W: www.rebenhof.at/moarhaeuser
Katis Lieblingsfotospot

MUSTERSTUBN

Grassnitzberg 18
8471 Spielfeld
T: 0650 993 42 27
W: www.musterstubn.at
Katis Brettljausn-Empfehlung

Sorry, Veganer!

Bei Thomas Bernhard fängt Qualität beim Betäuben und Bluten an. Durch die Tierschleuse trappelt auf einem schmalen Gang ein Schwein herein. Der Gang endet in einer offenen Box. In Sekundenschnelle wird das Tier elektrisch betäubt. Kein Quieken, kein Grunzen, keine Gegenwehr. Vielleicht würden Veganer Tierliebe anders definieren und Bernhards Namensvetter, der bekannte große Schriftsteller, es sarkastischer formulieren, aber Schweine sind nun mal Bernhards Leben. „Eigentlich wollte mein Vater Eisenbahner werden, aber durch den Tod meines Großvaters war die Hofübernahme vorgegeben. Seit 2005 stehe ich nun hier und mittlerweile steht auch mein Sohn David in den Startlöchern", zeigt der erdige Fleischer stolz seine Familientradition auf.

Die Bernhards produzieren unter anderem Brüstl, Kochschinken, Käsewurst, Brein- und Blutwürste, Salami, Lardo und Leberkäse, geräucherte Extrawurst, Schweineschmalz, Grammelaufstrich und Cevapcici. Während Thomas selcht, ist seine Frau Ingrid mit der Produktion von Magerlsuppe und Leberknödeln beschäftigt.

Tipp: Die geräucherte Presswurst im Schweinemagen, in Österreich auch bekannt als Sulz, ist kombiniert mit einem frischen Gartensalat ein wahrhaftiger Genuss. ■

BERNHARDS BAUERNLADEN

Gersdorf 60
8471 Spielfeld
T: 03453 4225 oder
0664 424 53 22
W: www.
bernhardsbauernladen.at

HANDGEMACHTE GEWÜRZSEIFEN 

Waltraud Koller
Untere Siedlung 5
8472 Straß in der Steiermark
T: 0664 129 31 21

Drei Genusspfeiler, zwei Granaten

DIE WEINBANK WIRTSHAUS, RESTAURANT, VINOTHEK

Hauptstraße 44
8461 Ehrenhausen
T: 03453 222 91
W: www.dieweinbank.at

Erstklassige Produkte und Weine gibt es in der Südsteiermark viele – es sind die Menschen dahinter, die den Unterschied machen. Am Tor zur Südsteiermark, mitten in Ehrenhausen, sind sie in der „Weinbank" eine absolut sichere Bank: Gerhard Fuchs, der seit Jahrzehnten zu den besten Köchen Österreichs zählt, und Christian Zach, önologisches Naturtalent und ausgezeichnete Sommeliergröße. „Gut essen und trinken in einem Wirtshaus oder Restaurant ist eine soziale Interaktion und spiegelt unser Verhältnis zu unserer Umgebung wider – zu Zeit, zu Menschen und zu Werten. Wenn wir essen und trinken, beziehen wir Stellung durch das, was und wie wir genießen", sind sich 3-Haubenkoch Fuchs und Kompagnon Zach einig.

Es mag beruhigend klingen, dass man für eine emotionale Esskultur keinen eigenen Acker oder Stall braucht. Denn Bauern und Produzenten wohnen ohnehin gleich ums Eck oder sitzen bei Fuchs und Zach am Panorama-Stammtisch und pflegen im Alltag rar gewordene Tischkultur vom Feinsten. Gespräche mit Menschen geben dem Leben Wert und diese finden in der „Weinbank" im bodenständigen Wirtshaus, im hochkarätigen Fine-Dine-Restaurant und der repräsentativen Vinothek samt anmietbaren Weinschließfächern statt. Drei Genusspfeiler, die zwei herausragende Kulinarikbotschafter unter einem Dach vereinen. Ein Ende der Geschichte gibt es nicht. Denn beim Verlassen der Weinbank freut man sich schon auf ein Wiedersehen.

FISCHZUCHT SCHLEIN 

Weixelbaum 88
8484 Unterpurkla
T: 03475 2137 oder 0664 412 86 25
W: www.fischzucht-schlein.at
Fuchs' Lieblingsfischer

Glückseliger Wohlfühlfaktor

VILLA ZUR SCHMIED'N
Gamlitzerstraße 100a
8461 Ehrenhausen
T: 0664 247 37 30
W: www.villa-schmiedn.at

Hufeisen bringen bekanntlich Glück. Ein Emblem an der Villa zur Schmied'n gibt historischen Forschungen zufolge den Hinweis auf eine Schmiedewerkstätte. Wie es der Zufall so will, beherrschte auch der Großvater der heutigen Betreiberin neben der Wagen- und Kesselschmiedekunst das Handwerk des Hufschmiedes. Mit Kompetenz, Feingefühl und großer Passion für Details lässt Petra Zirngast das geschichtsträchtige Haus mit seiner über 100-jährigen Tradition in neuem Glanz erstrahlen. Sechs gemütliche Ferieneinheiten zwischen 29 und 69 Quadratmetern bieten auf drei Etagen Platz für vier bis sechs Personen. Der liebevoll gestaltete Gartenbereich lädt zum ausgiebigen Frühstücken, Relaxen, Grillen, Feiern und Spielen mit den Kleinsten ein.

Am Ortsende von Ehrenhausen Richtung Gamlitz liegend, ist die Villa zur Schmied'n der perfekte Ausgangspunkt für diverse Aktivitäten in der Region: ob per pedes zum Wandern, mit dem Fahrrad oder E-Bike oder ganz bequem mit dem Weinmobil, einem regionalen Gästetaxi – selbst die Anreise kann ohne eigenes Auto ganz entspannt per Zug vonstatten gehen. Die Bahnhofstation Ehrenhausen ist nur knapp zehn Gehminuten von der Unterkunft entfernt. ■

Obstkistl deluxe

Wer hätte nicht gerne den perfekten Hofladen, in dem man ausgiebig zwischen Handwerk und Handgemachtem stöbern und zwischendurch einen Verlängerten schlürfen kann? Tausende kleine Produzenten landauf, landab sind für eigene Shops und Handelsketten zu kleinstrukturiert. „'s Fachl bietet ihnen alternative Vertriebswege. Die Produzenten und Hersteller mieten sich in unsere Fachln, sprich Obstkistln, ein und offerieren so ihre Produkte einem breiten Publikum", erklären Fachlmeister Markus Groß und „DiePaar"-Inhaberin Brigitte Wohlmutter, die im „Fachl-Eck" ein Café betreibt. Gerald Senger macht dies im ´s Fachl-Eck in Ehrenhausen beispielsweise mit seinen handverlesenen Tees und Sirups; Josef und Christina Neuhold (→ siehe Seite 18) präsentieren u. a. Steirer Prosciutto und Leberkäse; Daniela Dietrich hat Hanföl im Repertoire und Josef Buder überzeugt Kunden mit Bio-Wagyu-Rindern aus dem Mostviertel.

Neben Kulinarischem findet man hier aber auch jede Menge anderer Geschenksideen – vom Kochlöffel bis zur Naturkosmetik – sowie eine angrenzende Enothek, die neben regionalen Weinen und Säften auch hauseigenen Kaffee und Frühstücksvariationen anbietet. Ein Ort, an dem Einkaufen wahrhaftig zum Genuss wird. Übrigens: Gleich nebenan shoppt sich's genüsslich in der „Weintracht" (→ siehe Seite 30) weiter. ■

DIEPAAR 

Gamlitzer Straße 104
8461 Ehrenhausen
T: 0664 45 26 027
W: www.fachl.at

Sein tägliches Brot

TRAUSSNER MÜHLE 
Spielfelderstraße 57
8461 Ehrenhausen
T: 03453 2516 oder
0664 450 52 94
W: www.muehlerei.at

Getreide selbst zu veredeln bot ihm die Möglichkeit, diesem besonderen Lebensmittel seinen Wert zurückzugeben. Schweinebauer Dieter Tatzl hat seit der Übernahme der Traussner Mühle in Ehrenhausen sein Herz ans Korn verloren. Die Traussner Mühle wurde erstmals 1600 als Herrschaftsmühle erwähnt. Damals war sie noch im Besitz des Freiherrn Ruprecht von Eggenberg, Erbauer des Mausoleums von Ehrenhausen (→ siehe Seite 31, Schloss Ehrenhausen). In der Ausstellung der Erlebnismühle lernt man die Geschichte der Traussner Mühle, aber auch jene des Mehls kennen. Ein 3D-Film zeigt den Kornwerdegang vom Anbau bis zum Absacken.

Neben Weizen und Roggen verarbeitet Müller Tatzl auch Dinkel, Mais zur Maisgrieß-Gewinnung und Buchweizen, speziell für Menschen mit Glutenunverträglichkeit. Zwischen den bis zu 15 Mahlgängen, die vom Korn bis zum backfertigen Mehl nötig sind, wird das Mehl schonend mit dem Lift an den Start der Mühle in den vierten Stock transportiert. „Das Wichtigste beim Mahlen ist, dass die Qualität des Rohstoffs passt und es braucht natürlich wertschätzende Abnehmer, die unser Mehl mit Bedacht weiterverarbeiten. Die Faszination des Müllerseins ergibt sich für mich vorrangig daraus, ein traditionelles Handwerk erfolgreich in die Zukunft zu führen." Die Traussner Mehle sind u. a. im Lagerhaus Vogau und Gleinstätten oder bei Eurospar in Leibnitz erhältlich. ■

EXPRESS
TRAUSSNER
DINKELMEHL
TRAUSSNER
ÄHRENGOLD

SECK

Anziehend

WEINTRACHT

Gamlitzer Straße 104
8461 Ehrenhausen
T: 03453 233 05
W: www.weintracht.at

Alte Werte, neue Freiheit: Längst ist in der Trachtenwelt die Ungezwungenheit eingekehrt und zwei Südsteirerinnen haben dazu wohl maßgeblich beigetragen. Ute Zupan und Nicole Hanscheg betreiben seit einigen Jahren die „Weintracht" und bringen auf 300 Quadratmetern Zeitgeist und Brauchtum modisch gekonnt unter einen Hut. Von Apfel- bis Waldgrün, vom traditionellen Trachtenjanker bis zur modernen Dirndlbluse – das Sortiment hält exklusive Labels wie Meindl, Sportalm, Lena Hoschek, Wenger, Julia Trentini, Lodenfrey und Giesswein parat. Urigfreches Schuhwerk von der oberösterreichischen Manufaktur „dirndl & bua" bringt südsteirische Wadeln zur Geltung.

Ein paar Stylingtipps der Modeexpertinnen Zupan und Hanscheg gibt es, vor allem für die Männer der Schöpfung, mit auf den Weg: „Das Hemd muss in die Hose, keine Widerrede! Und wenn eine Lederhose über das Knie geht, gehören die Stutzen ganz nach oben gezogen und unter die Hose gestrickt. Wer eine kurze Lederne trägt, kann die Stutzen durchaus locker nach unten schieben. Allerdings nicht nach unten umschlagen!"

Abtauchen ist möglich

Ehrenhausen, das Tor zur Südsteiermark, beherbergt den bislang größten Hotelkomplex der Region. Das Loisium Wine & Spa Resort hat es ob seiner 102 Designerzimmer und Suiten sowie zehn Apartments geschafft, sich auf einer kleinen Anhöhe nahe dem Schloss Ehrenhausen recht harmonisch in die Landschaft einzugliedern. 1400 Quadratmeter umfasst der übersichtliche Wellnessbereich mit Saunalandschaft, beheiztem Outdoorpool, Fitnesspavillon und sehr empfehlenswerten Massage- und Beauty-Treatment-Angeboten der Naturkosmetiklinie Aveda. Im Hotelrestaurant „Weinkuchl" ist man darum bemüht, regionale Köstlichkeiten international zu verpacken und die angrenzende Bar im urbanen Chic lädt nachmittags zur Tea-Time und abends auf das eine oder andere Genussachterl ein.

Wem das noch immer nach zu viel Alltag riecht, bestellt sich einfach einen Spa-Butler, der selbst auf der Liegewiese versucht, alle Wünsche zu erfüllen. Highlight, auch für externe Gäste, ist das Late Spa montags und mittwochs von 18.00 bis 22.00 Uhr um 17 Euro. ■

LUST AUF ETWAS KULTUR?

Das Schloss Ehrenhausen, dessen älteste Teile aus dem 11. Jahrhundert stammen, liegt in Sichtweite des Loisiums. Die Feste hatte drei wichtige Aufgaben zu erfüllen: Es schützte die Furt, die durch die Mur führte, bewachte den Eingang in das Tal der Gamlitz und sicherte zudem die vormals so wichtige Handelsstraße über den Platsch bis nach Triest.

LOISIUM WINE & SPA RESORT

Am Schlossberg 1a
8461 Ehrenhausen
T: 03453 288 00
W: www.loisium.com

Genusshöhepunkte Ehrenhausen

GESCHMACK IST EINE MOTIVATION

Am Obsthof von Herta und Ignaz Dietrich spielen Frischeobst und Fruchtsaftspezialitäten die Hauptrollen. Genial: das Saftgemisch Zwetschke-Quitte; Suchtgefahr beim Weißer-Pfirsich-Nektar!

OBSTHOF DIETRICH
Ottenberg 7
8461 Ehrenhausen
T: 03453 2877
W: www.obsthof-dietrich.at

IM AUGE DES GLOCKENSCHLAGS

Perfektes „Basislager" für ein Time-out: Ob im Apartment, Einzelzimmer oder in der Suite – die Nächtigungsmöglichkeiten liegen sehr zentral und sind ein idealer Ausgangspunkt für eine Südsteiermark-Tour.

KIRCHENWIRT AN DER WEINSTRASSE
Marktplatz 3
8461 Ehrenhausen
T: 0650 531 77 71
W: www.kirchenwirtanderweinstrasse.com

PRUNKES DOMIZIL 

In der Villa Stephanie, fünf Fußminuten vom Ortszentrum entfernt, sind zwei schicke Apartments untergebracht. Jeder Unterkunft ist ein Auto zugedacht. Special: eine Outdoor-Kapelle zum Innehalten!

VILLA STEPHANIE
Volkmayergasse 127
8461 Ehrenhausen
T: 0664 568 28 81
W: www.villa-stephanie.at

TIERISCH SCHÖN 

Die Villa Carla verfügt über vier großzügige, stilsichere Suiten in ruhiger, zentraler Lage und eine gemeinsame Sonnenterrasse samt großzügigem Garten, in dem Hühner, Enten und Pfaue wohnen. Hofladen inklusive.

VILLA CARLA
Bürgerwaldgasse 88
8461 Ehrenhausen
T: 0664 568 28 81

DORFGESPRÄCHE 

Familie Hochstrasser betreibt im Ortskern von Ehrenhausen gleich ein ganzes Sammelsurium an Gewerken: Café, Weinbar, eine angeschlossene Trafik und einen feinen Laden mit mediterranen Pflanzen und Heimdekor.

HOCHSTRASSER
Hauptstraße 51
8461 Ehrenhausen
T: 03453 2977

DAUER-FLOHMARKT 

Er war Koch, hat auf Kreuzfahrtschiffen gearbeitet und in Japan gelebt. Nun hat sich Rainer Rene Klopf der Erhaltung von altem Kulturgut verschrieben. Ein Place-to-be für alle, die gerne stöbern und Geschichte in Händen halten.

ANTIQUE RENE
Gamlitzerstraße 289
8461 Ehrenhausen
T: 0680 319 42 04

Saurer Grenzgänger

FELIX WEINSTOCK 

Zieregg 2
8461 Berghausen
T: 03453 4009
W: www.das-steirische-weinland.at/felix_weinstock

Neugierig lugt der umtriebige Essigmacher über seine randlose Brille, deren blaue Bügel B. B. King zieren. Kann gut sein, dass er sich als Produzent etwas von der Lässigkeit der einstigen Blues-Legende abgeschaut hat. Denn wenn es etwas braucht, um Balsamico reifen zu lassen, dann ist es die Gabe, sich zurücklehnen zu können und Dinge einfach passieren zu lassen. „Ein guter Balsamico punktet mit seiner Ehrlichkeit und Reinheit, das heißt ohne Zusatz von Vedickungsmitteln, Farb- und Konservierungsstoffen. Um einen Euro neunzig kaufst du im Supermarkt andere Werte."

„Weib, Wein und Gesang" haben ihn nach eigener Aussage vor vielen Jahrzehnten von Leipzig über Düsseldorf und Graz in die Südsteiermark gezogen. „Jahrelang war ich unterwegs und habe dabei viel schlechten Schnaps getrunken. Weil ich über die Qualität nicht immer nur motschgern wollte, habe ich begonnen, selbst zu destillieren. Zusätzlich hochwertigen Balsamico zu produzieren, entwickelte sich aus meinem eigenen Genussinteresse heraus", meint Weinstock schmunzelnd. Inmitten der berühmten Riede Zieregg vergärt, brennt, braut und mixt er seither unter tatkräftiger Mithilfe seines Sohnes Vasco pikante Köstlichkeiten wie Balsamico und Öl, Lachkirschen und Panthersenf sowie Obst- und Traubenbrände. Alles hergestellt aus sonnenverwöhnten Früchten aus der direkten Umgebung, handverlesen und handgemacht. Hinweis: Verkosten ist nach Anmeldung möglich. Bestellungen aus der Ferne nimmt der Grenzgänger per E-Mail entgegen. ■

Ausflug über die Grenze gefällig?

HIŠA DENK 

Zgornja Kungota 11a
2201 Zgornja Kungota (Slowenien)
T: +38 6 (0) 265 635 51
W: www.hisadenk.si

WEINGUT KUŠTER 

Plač 9
2201 Zgornja Kungota (Slowenien)
T: +38 6 (0) 265 605 61
W: www.vino-kuster.com

BUSCHENSCHANK TRUMMER 

Am Obegg 1
8472 Spielfeld
T: 03453 2935 oder 0664 411 67 14
W: www.trummerwein.at

Im Tal der 1000 Steine

Im Jahr 1777 legten Johann und Juliana Schilcher den Grundstein zum heutigen Weingut am Georgiberg. Damals begannen sie den Keller des Hauses zu bauen – ein Schild auf einer alten Kellertür erzählt noch heute davon und eine Urkunde bezeichnet den Platz als „Tal der Tausend Steine". Jahrhunderte später, genau genommen 2008, hat Familie Trierenberg das Refugium erweitert und in großem Ausmaß weiterentwickelt. Hubschrauberlandeplatz und packende Pinzgauer-Touren durch die Weingärten inklusive.

Bekannt ist das Weingut Georgiberg vor allem für seine erstklassigen Rotweine, aber auch die breite Palette an hervorragenden Weißweinen kann sich sehen lassen. Neben den edlen Tröpfchen werden die Gäste hier auch mit regionalen Köstlichkeiten und einem herrlichen Ausblick verwöhnt. In der Weinboutique finden sich jede Menge Mitbringsel wie der hauseigene Wein, Sekt, Edelbrand und Traubensaft sowie eine erlesene Auswahl an hochwertigen Produkten der Region.

Tipp: Im Winzerhaus des Guts kuscheln Pärchen ungestört bei atemberaubendem Panoramablick.

WEINGUT GEORGIBERG 

Wielitsch 54
8461 Berghausen
T: 03453 202 43
W: www.weingut-georgiberg.at

T wie Tradition, T wie Tement

WEINGUT TEMENT

Zieregg 13
8461 Berghausen
T: 03453 4101-0
W: www.tement.at

Haben Sie sich schon mal Gedanken darüber gemacht, was es ohne das ein oder andere gute Glas Wein im Leben alles nicht geben würde? Das soll kein Plädoyer für ungetrübten Alkoholkonsum werden, aber mit ziemlich großer Wahrscheinlichkeit hätte unvergorener Traubensaft den Rolling Stones keine Satisfaction gebracht und unzählige Partys hätten frühere Sperrstunden erlebt. Familie Tement weiß um die Lebenskraft des Weins und schenkt ihm in ihrem südsteirischen Weingut von der Wurzel weg ihre ganze Leidenschaft. Das bringt Satisfaction und ist gleichermaßen eine Party. Am begehrten Zieregg und weltweit.

Heimische Traditionen kennen die Brüder Armin und Stefan Tement von Kindheit an und sie haben sich in der weiten Welt umgesehen, um mit frischen Ideen ihre Familiengeschichte in dritter Generation fortzusetzen. Der Glaube an Qualität, Bewusstsein für den rauen Bodencharakter der Südsteiermark und der Wille, unverwechselbare, von ihrem Terroir geprägte Weine zu schaffen, bestimmen seit dreieinhalb Jahrzehnten national wie international erfolgreich den Weg. Diesen hat Vater und Winzer-Pionier Manfred Tement nicht nur geebnet, sondern dank seiner Vorreiterrolle in der Branche quasi geplättet.

Der Fokus liegt im Gestern wie im Heute, in selektiven, naturnahen und selbst bewirtschafteten Weingärten, im biologischen Anbau und in präziser Handarbeit. Mit der in unmittelbarer Nähe zum Weingut entstandenen Winzarei (→ siehe Seite 41) die Familie auch abseits des Weins, wie mit Traditionsbewusstsein, Akribie und Enthusiasmus Exklusives entstehen kann. 

MAGNOTHEK & WIRTSHAUS AM ZIEREGG

Zieregg 3
8461 Berghausen
T: 03453 221 22
W: www.magnothek.at
Tements Kulinarikdestination

Hier geht's zum Sektempfang

WEINGUT REGELE

Ewitsch 34
8461 Ehrenhausen
T: 03453 242 60
W: www.regele.com

Wir haben uns als Region in den letzten 35 Jahren kulinarisch, vinophil und wirtschaftlich unheimlich entwickelt", streut der südsteirische Schaumwein-Pionier Georg Regele seiner Heimat Rosen. Kaum ein anderes Weingut der Region blickt auf eine so lange Weinbautradition zurück wie das seiner Familie. Von 1830 bis heute werkten sechs Generationen im Haus und haben den Gedanken weitergetragen, dass das Gute an der Wurzel beginnt. Regeles Vater Franz war es, der 1953 den ersten Perlwein Österreichs, die prickelnde Neuheit „Platscher Perle", aus der Taufe hob. Sie wurde auf gleich drei Weltausstellungen präsentiert – 1958 in Brüssel, 1964 in New York und 1967 in Montreal. Angeblich gab es damals sogar einen Geistlichen, der die legendäre „Platscher Perle" als Messwein bezog.

Mittlerweile produziert Regele gemeinsam mit seiner Frau Ingrid neben seinen steirischen Klassikern Schaumweine für dutzende Betriebe. Auch Sohn Franz ist bereit für eine Winzerkarriere. „Die Veränderung ist unsere Konstante", sagt Regele wohl überlegt. „Ich liebe mein Leben als Landwirt im Jahreslauf."

Weide schafft Weile

Doris Veit beschreibt sich als Freigeist mit Arbeitshänden. Viele Jahre verbrachte die gebürtige Leibnitzerin und ehemalige medizinisch-technische Assistentin auf einem Seminarhof im Südburgenland, bis sie die Sehnsucht nach der Südsteiermark wieder in die Heimat trieb. Veits Ausbildungsbiografie liest sich wie die einer Tausendsassain: Trainerin in Reiki, Pranic Healing, Shiatsu, Farb-Kristall-Lichttherapie, Waldpädagogik und noch so manches mehr. In ihrer Werkstatt in Berghausen scheint sie nun bei Korbflechten und Kreieren von Düften aus Kräutern und Pflanzen angekommen zu sein.

„Seit Jahrtausenden werden aus Weide Nutz- und Ziergegenstände gefertigt. In Workshops gebe ich mein Wissen an Kleingruppen weiter. Was man dazu braucht, sind Ausdauer und geschickte Finger", lässt die talentreiche Naturfreundin wissen. Denn bis ein kleiner Weidekorb geflochten ist, vergehen Stunden. Vielleicht ist es aber gerade die Sehnsucht nach dem Innehalten, die das traditionelle Handwerk nahezu meditativ und gleichzeitig zu einer echten Herausforderung für die Feinmotorik macht. „Viele meiner Kursteilnehmer haben ihren Großeltern einst beim Korbflechten zugesehen und wollen es nun selbst lernen."

Tipp: Veit bietet auch Kräuterführungen an. Der vier Hektar große Landschaftspark Grottenhof ist dafür gut geeignet und lädt zum Spazieren, Genießen und Entspannen ein. Zudem findet sich am Gelände ein Naturparkladen mit vielen Köstlichkeiten der 14 südsteirischen Naturpark-Gemeinden.

NATURPARKZENTRUM GROTTENHOF 

Grottenhof 1
8430 Leibnitz
T: 03452 732 28
W: www.naturparkzentrum-grottenhof.at

DORIS VEIT

Ewitsch 10
8461 Berghausen
T: 0664 481 00 26
W: www.dorisveit.at

Zwischen Kürbisauflauf und Leberparfait

STEINBERGHOF WEINGUT FIRMENICH 

Wielitsch 62
8461 Berghausen
T: 03453 2435
W: www.firmenich.at

Das Ehepaar Uli und Dieter Firmenich präsentiert am Steinberghof seine Definition von südsteirischer Gastfreundschaft. Dieser Landstrich beherbergt bekanntlich zahlreiche Buschenschänken, aber nur wenige sind darauf bedacht, auch abseits von Brettljause und Verhackert ein abwechslungsreiches kulinarisches Programm zu bieten. Familie Firmenich prescht diesbezüglich vor und nimmt sich neben der herzhaften Gästewünsche – mit feinem Leberparfait mit Traminergelee, Salzbuchteln mit Speckzwetschken und frechem Sterz mit Grammeln – auch vegetarischer und veganer Vorlieben an. Geboten wird auf Wunsch sogar ein kaltes veganes 3-Gänge-Menü nach Saison. Neben der raffinierten Jause serviert der Hausherr, der 1980 den großelterlichen Weinbaubetrieb übernahm, Junges bis Trockenes im Glas oder reintönige Edelbrände (herrlich der Maschanska!) aus der Eigenproduktion.

Wenn Zeit bleibt, fängt der Weinbauer die Landschaft vor seiner Haustür mit dem Pinsel, kräftigmodernen Farben und Strukturen in Acryl ein. Ein Teil seiner Schaffenskunst ist an den Wänden der Gaststube zu begutachten. ■

Freiheit in Koffern

Zieregg – das ist längst nicht mehr irgendein Name. Er ist eng verknüpft mit einem der besten weißen Weine des Landes, aber auch mit Heidi Tement. Sie und ihr Mann, Winzerlegende Manfred Tement (→ siehe Seite 36), haben es nicht übers Herz gebracht, die alten Winzerhäuschen am Kamm des Ziereggs und in der anschließenden slowenischen Lage Ciringa verfallen zu lassen, und haben sie deshalb einfach gemeinsam adaptiert. „Es war mir ein großes Anliegen, die alten Winzerhäuser auf unseren schönsten Weinlagen so zu renovieren, dass wir selbst unseren Urlaub darin verbringen würden: Erholung und Genuss pur."

Die Bausubstanz mit Holztramdecken und Steingewölbe blieb erhalten und schenkt den individuell eingerichteten Winzer-Chalets ihren einzigartigen Charme. Zwischen Unabhängigkeit und Zurückgezogenheit vermisst hier aber niemand familienfreundlichen Komfort und gewünschte Annehmlichkeiten. Dafür sorgt nicht zuletzt die Hausherrin, die ihre Gäste frühmorgens mit einem liebevoll wie köstlich gefüllten Frühstückskorb versorgt (unbedingt einen Tag vorab reservieren!). Ein Weingarten-Pool, eine Panoramasauna und gefüllte Weinkühlschränke vervollständigen das herrliche Gefühl von Freiheit, das man nur zu gerne als Übergepäck im Koffer mitschmuggeln möchte. ■

WINZAREI

Zieregg 4–5
8461 Berghausen
T: 03453 4101
W: www.winzarei.at

100-Sterne-Restaurant

SILLYS KUCHL

Wielitsch 36
8471 Berghausen
T: 0664 215 50 44
W: www.puresleben.at

Was tun, wenn man die Einzigartigkeit eines Ortes so, so, so sehr liebt, dass man ihn mit niemand anderem teilen möchte? Man schnauft als Autorin tief durch und schreibt ihn dennoch nieder. Dem Allgemeinwohl zuliebe. Auf der slowenischen Seite der Südsteirischen Weinstraße steht jenes so geliebte alte Steinhaus, das mit all seinem Charme, den ihm seine Bauherren vor vielen Jahren verliehen haben, dasteht wie dieses eine pittoreske Kleinod, nach dem man in all den Urlauben vergebens Ausschau gehalten hat. Massive Steine, sonnengebräuntes Holz, ein Original-Oma-Herd und zwei Räume, in denen sich damals wie heute das Leben bewegt.

Dietmar und Gerald Silly bespielen auf Anfrage bzw. für die Gäste ihrer „Pures Leben"-Ferienhäuser diesen besonderen Ort von April bis November als Touristiker, Winzer und Wirte. Aus der „Silly Kuchl" im Steinhaus kommen Klassiker wie regionaler Aufschnitt, aufgesetzte Hendln und Kaiserschmarren im Pfandl. Noch einzigartiger (und romantischer) wird's im 100-Sterne-Restaurant – eine Plattform mitten im Weingarten, der zum Steinhaus gehört. Das „Restaurant" bietet ausschließlich Platz für einen Tisch und zwei Personen, blickgeschützt unter freiem Himmel und nur von Kerzenlicht erhellt. Diese Privatheit im Grünen wird auf Wunsch von Isabella Frizzante, einem 3-Gänge-Menü und einer Weinbegleitung der Sillys eingesäumt. Eines sei festgehalten: Wer diesen Moment mit einem Selfie zerstört, der hat nicht verstanden, um was es hier eigentlich geht.

PURES LEBEN WEINSTÖCKL SAUSAL  

Sausal 66
8443 Pistorf
T: 0664 215 50 44
W: www.puresleben.at
Tipp für Hundefreunde

VALDHUBER

Svečina 19
2201 Zgornja Kungota (Slowenien)
T: +386 413 468 95
W: www.valdhuber.si
Vom Silly Steinhaus führt ein Wanderweg ins slowenische Kungota zur modernen Buschenschank Valdhuber mit Topjause.

Ein heller Wahn-Gin

STIN
STYRIAN DRY GIN

Wielitsch 57
8461 Ehrenhausen
T: 0664 540 35 24
W: www.stin.at

Ein guter Gin muss auch pur gut zu trinken sein", ist Johannes Firmenich überzeugt. Sein STIN, kurz für Styrian dry Gin, den er gemeinsam mit seinem ehemaligen Studienkollegen Reinhard Jagerhofer produziert, hat durch nicht weniger als 28 Botanicals – darunter südsteirischer Apfel und oststeirischer Holunder, Zitrone und Orange – eine sehr fruchtige Note. Um diese großartige Aromenvielfalt zu erhalten, wird der STIN, bereits mit dem „World Spirit Award" ausgezeichnet, in einem 50-Liter-Kupferkessel destilliert.

„Reinhard und ich waren viel gemeinsam unterwegs und all die Gin Tonics, die wir konsumiert haben, haben uns auf die Idee gebracht, unseren eigenen zu kreieren", so Firmenich, dessen Eltern den wunderbaren Steinberghof in Berghausen bewirtschaften (→ siehe Seite 40, Firmenich). „Wir haben unzählige Versuche angesetzt und gebrannt; immer wieder verkostet und weiterentwickelt. Die Zeit war in der Entstehung der STIN-Rezeptur ein großer Faktor. Aber all das hat uns mehr Freude als Schwierigkeiten bereitet", grinst der Winzersohn. Mittlerweile exportiert das Duo in etliche Länder bis nach Asien. ■

Im Malkasten der Jahreszeiten

Sie ist vom Winde verweht, von der Sonne geküsst, vom Nebel umhüllt und dem Horizont ganz nah. Der Esprit von Renate Polz manifestiert sich in einer Einheit von Weinberg und Garten. Am Grassnitzberg hat die Gattin von Walter Polz (→ siehe Seite 98, Gut Pössnitzberg) sich eine Oase der Selbstfindung geschaffen. Knorrige, hundert Jahre alte Olivenbäume, eine imposante Zypressenallee, tausende historische Rosen, die ihre Kraft aus dem vitalen Terroir des Weinberges unter ihnen ziehen, begleiten die passionierte Gärtnerin auf ihren botanischen und energetischen Führungen (ausschließlich auf Anfrage) durch die Anlage. „Hier wächst kein Unkraut, hier hat alles seinen Sinn", ist Polz überzeugt und widmet sich weiter ihren Ausführungen über Frosch Ferdinand, Wildtauben, Bronzefenchel, die königliche Alba-Rose und biologischen Dünger aus Asche, Bittersalz, Knochenmehl und Kräuterauszügen.

Es ist nicht nur ihr ganz privater Rückzugsort, sondern auch ein Platz, an dem das Wissen über die mystische Kraft der Pflanzen wächst, und geführte Aufstellungs-, Auraarbeit stattfindet. Ein kleines Gewölbe an der Straße fungiert außerdem als Hofladen, in dem sich Besonderheiten aus dem Garten wie Daliensalz, Lavendelessig und Feng-Shui-Wasser finden.

POLZ GARTEN SÜDSTEIERMARK 

Hochgrassnitzberg 8
8472 Grassnitzberg
T: 0664 886 570 83
W: www.polz-garten.at

Genusshöhepunkte Berghausen

URLAUB ALS BILDHAUER

Hier trägt alles die Handschrift der kunstsinnigen Gastgeber Elfriede und Manfred Sonnenberg. Ferienwohnungen mit Kreativwerkstatt, in der man sich zwischen Ton, Stein und Farbe frei entfalten kann.

SONNENBERG FERIENWOHNUNGEN UND KREATIVWERKSTATT
Wielitsch 34
8461 Ehrenhausen
T: 0664 195 92 86
W: www.msonnenberg.at

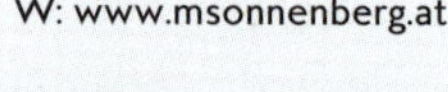

AUF TAUCHSTATION

Moderne Unterkunft, die mit Beton- und Glaselementen mit der Natur auf interessante Weise konkurriert. Zum Abtauchen stehen zehn luxuriöse Suiten und ein Penthouse zur Verfügung. Markus Legat verwöhnt mit außergewöhnlichen Frühstücksschmankerln.

HOTEL HOCHGRASSNITZBERG
Hochgrassnitzberg 18
8472 Grassnitzberg
T: 0664 889 329 76
W: www.hotel-hochgrassnitzberg.at

AUF GROSSEN TATZEN

Der Bärenhof bietet einst gequälten Bären ein neues Zuhause und ist eine beliebte Attraktion für Jung und Alt. Ein kleiner Unkostenbeitrag macht einen Besuch der pelzigen Lieblinge möglich.

BÄRENHOF BERGHAUSEN
Wielitsch 40
8461 Ehrenhausen
T: 0664 522 42 20
W: www.baerenhof-berghausen.at

Südsteirischer Royal

Mein einprägsamstes Erlebnis mit Arnold Melcher? Ein sonniger Nachmittag in einer x-beliebigen Buschenschank mit einem Glas Muskateller in der Hand und gegenüber Melcher an der Gitarre. Inbrünstig und sonnenbebrillt düngte damals der Winzer die Weinreben mit STS-Klassikern und einem herzhaften „Für immer jung". Ein bisschen Eiche steckt wohl auch in diesem Arnold. Musiker ist aus ihm trotzdem keiner geworden, dafür ist er heute Schlossherr und Weinbauer in Gamlitz, Farmbesitzer in Namibia und Charmebolzen wann immer er es für angebracht hält.

Arnold Melcher, der BWL und Physik studiert hat und Anfang der 90er-Jahre gastronomisch in Graz mitmischte, hat viele Rollen. Eine seiner liebsten ist die des Jägers. Die jagdliche Familiengeschichte in vier Generationen ist auch am Rande seines Event-Schlosses – zwischen den Jahren 1111 und 1131 erbaut – ersichtlich. Viel imposanter sind aber der Schlosspark und die gesamte Anlage, die auch ein täglich geöffnetes Weinmuseum, ein

À-la-carte-Restaurant und einen 450 Jahre alten Weinkeller (Führungen gegen Voranmeldung) beheimatet. Das dazugehörige, herrschaftlich eingerichtete Hotel umfasst acht Doppelzimmer, drei Apartments und ein Presshaus. Royal genial. ■

Weitere Prachtschlösser in der Umgebung:

SCHLOSS SPIELFELD

Spielfeld 1
8471 Spielfeld
T: 03135 826 464-0
W: www.schloss-spielfeld.at

SCHLOSS OTTERSBACH

Mantrach 20
8452 Großklein
T: 0664 335 66 59
W: www.schloss-ottersbach.at

SCHLOSS GAMLITZ

Eckberger Weinstraße 32
8462 Gamlitz
T: 03453 2363
W: www.melcher.at

Obst macht glücklich

OBSTHOF GLÜCK 

Markplatz 6a
8462 Gamlitz
T: 03453 2521 oder
0664 565 99 00
W: www.obsthof-glueck.at

Ob frisch gepflückt, im Brot, gebraten über offenem Feuer oder in Chipsform: Pikante und süße Apfelkreationen zählen nicht nur zur DNA der Steirer, sondern benötigen für ihren guten Geschmack eine solide, reife Grundfrucht. Im Hofladen von Familie Ketschler und Familie Glück warten in Hülle und Fülle Früh-, Sommer-, Herbst- und Lageräpfel, außerdem je nach Saison Birnen, Kirschen, Beeren, Pfirsiche, Quitten, Marillen, Nektarinen und Zwetschken. In der „gesunden Ecke“ reihen sich Aronia und Holunder an Arnika und Tannenwipferl. Fruchtaufstriche, Chutneys, Säfte, Edelbrände, Liköre und verschiedene Essigsorten vervollständigen das Sortiment in Eigenproduktion.

Bauern aus der Umgebung offerieren vor Ort zudem Kernöl, Pesto, Nüsse, Schokolade, Nudeln, Honig, Tee, Weine und Fleischspezialitäten. Samstags ist frisches Bauernbrot erhältlich und für Urlauber, die keinen Firlefanz suchen, vermieten die Glücks vier schlichte Ferienzimmer. Lustiges Detail am Rande: Vorm Eingang in den Hofladen haben zwölf Schildkröten ihr Zuhause gefunden. ■

FLEISCHEREI WAGNER 

Marktplatz 280
8462 Gamlitz
T: 03453 2645
W: www.fleischerei-wagner.at
Tipp: Probieren Sie unbedingt die Walnusswürstel

Zeit für das Beste

Jeder Mensch trägt bis zu dreizehn harmlose bis schwerwiegende Geheimnisse mit sich herum. Sagen zumindest Forscher. Als Gast der Buschenschank Bacchuskeller obliegt es einem selbst, ob man sich nach den genüsslichen Zungenschnalzern in Verschwiegenheit hüllt oder seinen Freunden zu Hause doch von der neuen Lieblingslabstelle berichtet. Das Leberparfait mit Paradeisermarmelade, der Ziegenfrischkäse mit Waldhonig und der hausgemachte Reindling sind nur drei von vielen Verführungen, in denen man hier am liebsten baden würde. Die Speisekarte ändert sich regelmäßig, auch saisonbedingt, denn verwendet werden ausschließlich Produkte aus der Region. Wem Eva Lambauers konsequenter und ehrlicher Regionalitätsbezug nicht schmeckt, ist wirklich selber schuld.

Das Herrenhaus mit gediegenen Nächtigungsmöglichkeiten und gemütlicher Stube samt Kachelofen hat wenig mit dem kantigen Bild herkömmlicher Buschenschänken gemein. Bereits seit 1722 wird an diesem Anwesen Wein angebaut. Die Tische im wildgewachsenen Garten stehen lose angeordnet in der Wiese. Back to basic. Gerade weil Eva Lambauer auf Überflüssiges verzichtet und dabei gleichzeitig ungekünstelte Gastlichkeit walten lässt, ist der Bacchuskeller ein wahrer Geheimtipp. ■

BACCHUSKELLER 

Eckberg 37
8462 Gamlitz
T: 03453 2570
W: www.evalambauer.at

Vom Osten in den Süden

ALMWELLNESS HOTEL PIERER 

Teichalm 77
8163 Fladnitz
T: 03179 7172
W: www.hotel-pierer.at

Eigentlich sind sie ja in der Oststeiermark, genau genommen auf der Teichalm, ansässig. Aber das Geklapper der steirischen Windmühle, des Klapotetz, und die Stille der sanften Hügellandschaft zwischen idyllischen Pappeln hat die Hoteliers-Familie Pierer wohl in die Südsteiermark gelockt. Genuss auf höherer Ebene. Was für die Pierers in ihrem viel gerühmten Almwellness Hotel gilt, findet auch im Weingarten seinen Niederschlag. Denn unweit von Gamlitz wächst im südländischen Flair auf drei Hektar ihr Wein „Edition Pierer".

„Der tiefgründige Boden auf rund 300 Meter Seehöhe lässt die Reben besonders gut wachsen", weiß Franz Pierer, der unterstützt von Kellermeister Peter Kapun mit Kreativität und Wissbegierde den Reifeprozess der Weine begleitet. „Verkostet werden die Weine – von Welschriesling bis Zweigelt – dann bei uns auf der Teichalm im Weinkeller, im Degustationsraum oder in unserer gemütlichen Weinstube", so Pierer, der die vinophilen Ergüsse in seinem hoteleigenen Ab-Hof-Laden verkauft. Die Verkostungen finden übrigens nicht selten im Beisein gebürtiger Südsteirer statt, urlauben diese nämlich nur zu gerne im Almwellness Hotel Pierer. ■

Kurze mit Länge

Er ist sozusagen der „Burner“ der Südsteiermark: Obwohl Winzer von Beruf, gilt Franz Tinnauers Leidenschaft der Destillation von hochwertigen Edelbränden. Dabei spezialisierte er sich zu Beginn auf die Verarbeitung regionstypischer Früchte wie Maschanzker-Apfel oder Kriecherl. Im Laufe der Jahre kamen noch viele weitere Obstsorten aus eigenem Anbau dazu. Seit 2015 ist auch Tochter Monika im Betrieb integriert und möchte in die großen Fußstapfen ihres Vaters treten.

Im schmucken Winzerhaus des Anwesens hat Gattin Margarete drei entzückende Urlaubsapartments eingerichtet. Nicht nur die Aussicht kann sich sehen lassen. Ein Aufenthalt im Frühling wird zur Augenweide, wenn die Obstbäume der Tinnauers den Gamlitzberg in ein weißes Blütenmeer verwandeln. Wenn das Wetter mal nicht mitspielt, wärmt beim Kartenspielen praktischerweise das facettenreiche Edelbrand-Sortiment des Hauses – von Schlehen bis Muskat-Trester. Und an saukalten Wintertagen sorgt der Apfelstrudel-Likör der Tinnauers für rosige Wangen und ein wohliges Bauchgefühl. ■

FRUCHTBRENNEREI TINNAUER

Steinbach 42,
Gamlitzbergweg
8462 Gamlitz
T: 03453 3607
W: www.tinnauer.at

Glänzende Preziosen

SCHMUCKATELIER KRISPER 

Marktplatz 6
8462 Gamlitz
T: 03453 468 II
W: www.krisper-gamlitz.at

Aus ganz Österreich, ja sogar aus der Schweiz und aus Schweden reisen sie an: Paare, die im Atelier des Goldschmieds Josef Krisper im schmucken Gamlitz ihre individuellen Verlobungs- oder Eheringe unter Anleitung des Profis selbst anfertigen möchten. Fünf Stunden nimmt sich Krisper für jedes Paar Zeit; schmelzt, walzt, feilt im Beisein der Verliebten das Gold und schaut ihnen beim Gravieren ihrer handschriftlichen Liebesschwüre über die Schulter. „Ein Ehering ist für mich kein Schmuckstück, sondern ein Symbol, bei dem es immer um das Individuelle, niemals um Trends gehen soll", erklärt Krisper, der seinen Betrieb gemeinsam mit Gattin Renate führt, seinen Zugang zur Materie. „Nicht immer kann man mit Worten alles ausdrücken. Für das Unaussprechliche springen dann eben Schmuckstücke ein", schmunzelt der Handwerker und leidenschaftliche Rennradfahrer. In seiner Auslage funkeln Naturperlen mit Diamanten um die Wette, auch Edelsteine wie Rubine oder Smaragde mischen ab und an mit. „Was so edel klingt, muss auch tragbar sein. Ich kombiniere Ausgefallenes und Unvergängliches deshalb gerne mit alltagstauglichen Elementen wie zum Beispiel Leder."

In der Natur der Sache

Den Natur- und Erlebnisgarten von Franziska Skoff, besser bekannt als „die Amtmann", zeichnet eine Vielfalt an Kräutern, Obst, Blumen und Stauden aus. Zwischen Lavendel, Felsenbirne, Maulbeeren, Mönchspfeffer und unzähligen Damaszener-Rosenstöcken wandert man mit ihr an Raritäten, Klosterkräutern und Gräsern vorbei. Alles, was hier wächst, kann man in verarbeiteter Form in ihrem Genussladen erwerben. Nach einem duftenden Spaziergang durch die Anlage lädt Familie Skoff in ihr entzückendes Hofcafé.

Was nur wenige wissen: Franziska Skoff ist zwar „die Amtmann", aber der Name des Hofes am Kranachberg hat eine ganz eigene Geschichte: Die Vorbesitzerin des verwilderten Anwesens war nämlich eine alte Frau mit Kopftuch, allen als „die Amtmann" bekannt. Sie war immer mit einem alten Fahrrad, vollbepackt mit Taschen, unterwegs.

Auf den Etiketten ihrer Produkte lässt Skoff den vererbten Esprit der Dame weiterleben und setzt ihr damit viele kleine lukullische Denkmäler. Der Naturgarten ist übrigens täglich frei zugänglich. Führungen sollten aber vorab angemeldet werden. ■

DIE AMTMANN  

Kranachberg 15, Rotrieglweg
8462 Gamlitz
T: 0664 957 88 44
W: www.die-amtmann.at

Ausdrucksstarke Transformation

HEINRICH MEISL

Untere Hauptstraße 391
8462 Gamlitz
T: 0664 140 25 95
W: www.heinrich-meisl.at

Rauschzustände sind hierzulande nur auf den ersten Blick den veredelten Rebensäften der unzähligen Winzerbetriebe zuzuschreiben. Betritt man das Atelier von Heinrich Meisl in Gamlitz, wird klar, dass auch Kunst die Gabe hat, uns in rauschartige Zustände zu katapultieren. Meisls farbstarke Abstraktionen der Weingegend auf imposanten Großformaten zeugen von ästhetischer Kompetenz, Sinnlichkeit und Expressivität. Sein Handwerk bannt er auf Metall und Leinen. Der gebürtige Weizer transformiert seinen heutigen Lebensraum in Bilder, Pinselhiebe und Farbschleier. Kunst, die beweist, dass man sich dem rauschenden Farbkonvolut der Weinstraßen, ihrem sanften Verlauf und dem weichen Licht im Süden der Steiermark nicht entziehen kann.

Meisl, der Psychologie studiert hat und Präsident des ersten steirischen Petanque-Vereins (ein Boccia ähnliches französisches Kugelspiel) ist, zählt längst zu den erfolgreichsten Künstlern der Südsteiermark und ist seit 1978 freischaffend.

Der Verzicht ist eine Pracht

Der Rückzug ist ihre Inspiration und den passenden Ort dafür hat sie nahe Gamlitz gefunden. Ramona Leitner verarbeitet in ihren substanziellen Bildern und Skulpturen ihren ganz persönlichen Weg zum Menschwerden. Gefühle, Sehnsüchte, Begierde, Liebe und Weiblichkeit spielen dabei eine große Rolle. „Seit ich in der Südsteiermark angekommen bin, bin ich von der Weite dieser weiblichen Landschaft fasziniert. Hier wächst alles von ganz alleine", agnosziert die gebürtige Osttirolerin. Jahrzehntelang war Leitner in der offenen Altenpflege tätig – „das Malen nach Feierabend war damals mein Ausgleich und Ventil" – bis die Autodidaktin beschloss, ihre Zelte in Osttirol abzubrechen und ihren Horizont im wahrsten Sinn des Wortes zu weiten. Ihr Lieblingsplatz liegt heute unter einer Platane im Garten, mit einem fast 360°-Blick über das Weinland – „ein Platz, der es mir ermöglicht, all meine Visionen im Kopf zu leben".

Nur im KunstRaum Welles in der Südsteiermark stellt Leitner ihre aktuellen Arbeiten in Öltechnik auf Leinwand sowie Skulpturen aus Hartholz und Stein aus.

KUNSTRAUM WELLES 

Steinbach 68
8462 Gamlitz
T: 0650 770 14 39
W: www.kunstraumwelles.at

Eine Lebens- und Liebesgeschichte

VINCENT HOTEL

Sulztal 13
8462 Gamlitz
T: 03453 221 01
W: www.vincent-hotel.at

Bei Carmen und Bernd Schott entdeckt man die Langsamkeit der Zeit. Das Langschläfer-Frühstück bis 11 Uhr auf der Terroir-Terrasse hilft dabei schon mal enorm, das Schaukeln in der Hängematte nachmittags am Pool und ein Besuch der Weingarten-Sauna tragen ebenfalls das Ihre dazu bei. In Schotts kleinem, feinem Boutique- und Wohlfühlhotel direkt an der Südsteirischen Weinstraße, das nach Sohn Vincent benannt ist, sind die herzlichen Gastgeber vor allem eines: herzliche Gastgeber. Carmen liebt die Kraft der Natur, bezeichnet sich als Glückskind und versprüht gerne ihre positive Lebenseinstellung. Genusskünstler Bernd liebt den Wert ruhiger Beständigkeit und beglückt seine Gäste als Barista, Bier- und Käsesommelier, Bar-Profi und Weinkenner.

Der Komfort weitet sich in die 13 behaglichen Zimmer (davon vier im Dachgeschoss, vier See-

rosen-Studios und fünf Klassik-Zimmer) und ein Apartment mit Erdgeschoss-Zugang aus. Die Gemütlichkeit vor Ort lässt sich sogar einpacken: Im Vincent-Ideen-Laden kann man die weichen Decken und Kissen des Interieur-Labels David Fussenegger und die Dekokunst der kroatischen Künstlerin Rina Eres erstehen.

NOCH EINE ENTSPANNUNGSADRESSE 

YOGA MIT MARGIT WEINGAST

Dr.-Helmut-Heidinger-Straße 2/2
8430 Leibnitz
T: 0664 312 18 36
W: www.margitweingast.at

Vom Geben und Nehmen

Rasen statt Weingarten. Mitspieler statt Erntehelfer. Torfieber statt Weinlese. Bis zu seinem 30. Lebensjahr war das Kicken seine große Leidenschaft. Mittlerweile jagt Matthias Schnabl den besten Jahrgängen hinterher und stellte das Familienweingut 2018 auf biologischen Betrieb um. „Anfangs als Liebhaberei abgetan, hat sich der Bio-Wein zu einem nachgefragten Produkt gemausert", ist Schnabl überzeugt. Der biologische Weinbau sei für ihn wertiger, nicht so getrieben. „Als bislang konventioneller Winzer musste ich mir innerhalb der Bio-Branche den nötigen Respekt verdienen. Es ist ein gutes Miteinander innerhalb dieser querdenkenden Branche, geprägt von Geben und Nehmen."

Vom Vater, der viel zu früh verstarb, habe er den Mut und die Experimentierfreude geerbt. Mama Monika und Schwester Michaela unterstützen ihn in der hauseigenen Buschenschank, zu der auch fünf Doppelzimmer, jedes nach einem anderen Edelstein benannt, zählen. Ruhe und Kraft tankt der Spätberufene am Mountainbike, in der Altenbachklamm und bei seinem Winzerkollegen am Rebenhof (→ siehe Seite 80).

WEINGUT SCHNABL 

Sernau 6
8462 Gamlitz
T: 03453 3010
W: www.weingut-schnabl.at

Wo die Erde Substanz hat

WEINGUT LACKNER-TINNACHER

Steinbach 12
8462 Gamlitz
T: 03453 2142
W: www.tinnacher.at

„Den eigenen Boden lernst du nur zu Hause kennen", suggeriert Katharina Tinnacher. Die folgenden Zeilen erzählen von Umsicht im Weingarten, von Verwurzelung, von Wohlgestalt des nachhaltigen Weinbaus und von einer Individualistin, die tiefes Bewusstsein für den rauen Bodencharakter südsteirischer Hänge hat. Wenn Tinnacher von Wein erzählt, fühlt man dessen und zugleich ihre Bodenhaftung.

„Wein zählt wohl auch zu einem der letzten sinnlichen Zugänge, die wir zu einem vergangenen Jahr haben. Kein Fotoalbum kann die Erinnerung und das Empfinden bei Sonnen- und Regentagen, während Stürmen und Hagel wiedergeben. Wein schon", lächelt die Winzerin. Schon als Kind durfte sie mit ihrer Schwester Ulrike je fünf Reben umsorgen. Während andere Stickeralben klebten und am Moped bastelten, sammelte sie mit Vater Fritz und Mutter Wilma Naturerlebnisse. Denn Wein ist nicht nur eine Frage des Geschmacks. „Aus Erde, Steinen, Mineralien wachsen Weinstöcke. Unter Sonne, Wind, Regen entwickeln sich Reben und Trauben und in sorgfältiger Handarbeit entstehen schließlich unsere Weine", legt die selbstbewusste Frau dar. Ihre starke Persönlichkeit ist auch wesentlicher Teil der STK-Gruppe, ein Zusammenschluss steirischer Terroir- und Klassik-Weingüter, die gemeinsam ihre individuellen Geschichten und eigenständigen Weine international sichtbar machen. Die „Gründerväter" der STK sind neben Tinnacher Alois Gross (→ siehe Seite 82), Albert Neumeister, Erich und Walter Polz (→ siehe Seite 98), Willi Sattler (→ siehe Seite 66), Manfred Tement (→ siehe Seite 36) und Georg Winkler-Hermaden. Auch Hannes und Erwin Sabathi sowie Wolfgang Maitz (→ siehe Seite 78), Walter Frauwallner und Gerald Wohlmuth zählen dazu. ■

Weitere STK-Betriebe im Überblick:

WEINGUT HANNES SABATHI

Kranachberg 51
8462 Gamlitz
T: 03453 2900
W: www.hannessabathi.at

WEINGUT ERWIN SABATHI

Pössnitz 48
8463 Leutschach
T: 03454 265
W: www.sabathi.com

WEINGUT WINKLER-HERMADEN

Kapfenstein 106
8353 Kapfenstein
T: 03157 2322
W: www.winkler-hermaden.at

WEINGUT FRAUWALLNER

Karbach 7
8345 Straden
T: 03473 7137
W: www.frauwallner.com

WEINGUT WOHLMUTH

8441 Fresing 24
T: 03456 2303
W: www.wohlmuth.at

Der ganze Mensch

REGELE KEUSCHN 

Osteopathie, Heilmassage, Yoga
Sulztal 24
8461 Sulztal
T: 0650 640 78 74
W: www.michaelakermann.at

Bei der Oma in Eckberg aufgewachsen, verschlug es Michaela Kermann als Körpertheater-Darstellerin bis nach London, Indien und China. „Ich wollte den Ursprung der Körperarbeit für mich entdecken und fand ihn im Yoga", schildert die gebürtige Grazerin. „Mit dem Braten von Kastanien am Straßenrand habe ich mir meine Reisen und Ausbildungen finanziert. Ich habe später auch noch indische Klassikmusik studiert." 2018 eröffnete sie in der alten „Regele Keuschn" einen Praxisraum für Osteopathie, Yoga und Heilmassagen. Wer vom Wandern oder Biken durch die Weinberge verspannt zurückkehrt, ist bei Michaela Kermann gut aufgehoben. Es gibt wohl nur wenige Behandlungsräume mit so viel Wohlfühlpotenzial und einer derartig schönen Aussicht: Direkt vor der Tür erstrecken sich die Weingärten bis auf die slowenische Seite hinüber.

„Mit meiner Familie hüpfe ich sehr gerne zwischen den Grenzen hin und her. In Slowenien haben wir uns eine kleine Hobbylandwirtschaft mit Ziegen, Glashaus, Zirkuswagen und Saunahaus aufgebaut. Das ist mein zweites kleines Paradies." Kermanns Gatte Gottfried veredelt außerdem in liebevoller Handarbeit sonnengereifte Kürbiskerne und betreibt nur eine Hausecke weiter die sogenannte „Watschgarei", in der er indisches Fladenbrot „versteirischt" serviert. ■

KERMANN'S WATSCHGAREI 

Lieblingsplatzerl gleich um die Ecke
Hier wird quasi das Hauptnahrungsmittel südsteirischer Ureinwohner, das sogenannte Watschga, unterm Birnenbaum wieder wachgeküsst. Dazu Franco Caffè oder Wein von Regele. Ein Fixpunkt, insbesondere an warmen Herbsttagen.
Sulztal 24
8461 Sulztal
T: 03453 200 24 oder 0676 411 57 88
W: www.kuerbiskerne.at

Urlaub für die Augen

Der größte Luxus, der im Winzerhotel Wurzenberg geboten wird, ist der Ausblick. Die Lodges und Chalets thronen auf dem höchsten Punkt der Region Sernau, die im Vergleich zum dicht besetzten Gamlitz und Berghausen noch immer ein wenig verschlafen wirkt – im positivsten Sinn. „Panoramatherapie" titelt das Betreiberpaar Gerhard Karl und Christine Lippnegg und erntet für die bis zu 360° Rundum-Sichten Staunen und zustimmendes Nicken. Architekt Gerhard Mitterberger gab sich alle Mühe, den Blick ins Tal nicht zu trüben und Badinterieur mithilfe von Glaswänden in die Zimmer zu integrieren. Sich frei bewegen zu können, ist oberste Prämisse und bis ins Detail durchdacht: Das regionale Frühstück (u. a. mit Eiern und Käse vom Nachbarn und süßen Teilchen vom Brothof Atschko in Rufweite) wird von außen in eine sogenannte „Frühstückslucke", über die jede Lodge verfügt, gestellt. Geschirr und Kaffeemaschine befinden sich in jeder Unterkunft – ein Frühstück im Bett und im Pyjama ist so jederzeit möglich.

Wem das zu leger ist, der findet einen kleinen Frühstücksraum samt Terrasse vor, in den hin und wieder auch die weidenden Kühe Karl-Heinz und Susi von nebenan hineinspähen. Im Genuss-Schrank liegt zur Selbstbedienung nicht nur der Wurzenberg-Hauswein, und nach Rücksprache mit Familie Lippnegg wird sogar das Abendessen arrangiert. ■

WURZENBERG PANORAMALODGES 

Sernauberg, Fötschach 102
8463 Leutschach
T: 0664 100 80 61
W: www.wurzenberg.at

CAFÉ-BÄCKEREI FREIDORFER

Hauptstraße 29/1
8472 Straß in der Steiermark
T: 03453 2161
Prämiertes Roggenbrot

Durch die Blume

GARTENBAU WRUSS 

Untere Hauptstraße 313
8462 Gamlitz
T: 03453 4876
W: www.gartenbauwruss.at

Im Grunde hatte Stefanie Wruss schon als Kind einen Hang zu kreativem Handwerk. „Ich habe eine Zeit lang Klavier gespielt und mich in Ölmalerei versucht", lässt die Floristin wissen. Mittlerweile schaltet und waltet die Südsteirerin gemeinsam mit ihrer Familie auf 3000 Quadratmetern, die Beet- und Balkonpflanzen, Gemüse- und Kräuterpflanzen, Blütenstauden und Obsthölzer beheimaten. „Die Südsteiermark bzw. ihre Flora und Fauna tragen maßgeblich zu unserer Arbeit bei. Da ich am liebsten Sträuße binde, an denen ich ohne konkreten Kundenwunsch frei arbeiten darf, bin ich auf Wiesen und in Wäldern unterwegs, um schöne Äste oder besondere Fruchtstände aufzuspüren. Das fühlt sich für mich ein bisschen wie Meditation an", schwärmt Wruss.

Die Gemeinde Gamlitz nützt die Vielfalt und das Know-how der Gartenbauer seit Jahren und heimste in enger Zusammenarbeit mit Familie Wruss als Tourismusmagnet mehrmals den Titel „Europas schönstes Blumendorf" ein. „Ich könnte gar keinen bestimmten Lieblingsplatz in der Region nennen, aber am ehesten ist es wohl die Süd steirische Weinstraße, die mir abends bei Sonnenuntergang dieses ganz besondere Gefühl gibt, zu Hause zu sein."

Alles goed

GOEDWINEMAKERS

Sernau 29
8462 Gamlitz
T: 0664 364 99 94
W: www.goedwinemakers.at

Was man gerne macht, macht man goed. Zumindest, wenn es nach den Goedwinemakers geht. Mit unterschiedlichen Talenten und Biografien haben sich der Holländer Ton Goedmakers und sein Freund Uli Kaltenböck mit ihren Frauen Monique und Herta am Sernauberg niedergelassen, um als Profis und wissbegierige Autodidakten Wein zu machen. Als ehemaliger Skispringer erlag auch Sohn Bastian Kaltenböck erst über Umwegen der Faszination Wein und ist mittlerweile Betriebsleiter. Unterstützt werden die Goedwinemakers zudem von Christian Söll, Klaus Riegelnegg, Dani Pribožic und Beate Dreisiebner.

„Goedwinemaking heißt für uns, neugierig zu sein und sich mit den erfahrenen Weinbauern der Region intensiv auszutauschen. Und doch gehen wir unseren eigenen Weg und machen den Nachteil fehlender Erfahrung zu einem Vorteil: Als Neulinge müssen wir nämlich mit keinen Traditionen brechen", erklärt Bastian Kaltenböck selbstbewusst. „Wenn wir wieder einmal träumen dürfen, dann möchten wir in den nächsten zehn Jahren als funktionierender Biobetrieb etabliert sein, der im Einklang mit der Natur steht und – nomen est omen – richtig guten Wein produziert." Goed so. Denn ein Wein ist bekanntlich dann gut, wenn das Gefühl stimmt. ■

JAGLHOF – BY DOMAINES KILGER

Sernau 25
8462 Gamlitz
T: 03454 6675
W: www.jaglhof.com
Kulinariktipp in der Nachbarschaft
(→ siehe Seite 104)

Ein Ferienjuwel

WEINGUT & GENIESSERHOTEL SATTLERHOF 

Sernau 2/2a
8462 Gamlitz
T: 03453 2556 (Weingut) bzw. 03453 4454-0 (Restaurant)
W: www.sattlerhof.at

In Sernau thront das Weingut, Genießerhotel und Landhaus der Familie Sattler samt hochdekoriertem Restaurant und Wirtshaus. Willi Sattler füllt mit seiner Frau Maria und seinen Söhnen Andreas und Alexander die Flaschen, während sein Bruder Hannes Kulinarisches in Topf und Pfanne dirigiert. Der Bezug zur Region gibt nicht nur im Weingarten und -keller, sondern auch am Teller die Marschrichtung vor: Die Hendln stammen aus dem nahen Sulmtal, die Milchprodukte aus Gamlitz und das Frischfleisch aus Wildon. „Wild beziehen wir aus unserer eigenen Jagd und ein großer Teil unseres Gemüses stammt aus dem eigenen Garten", gibt der Küchenchef zu Protokoll. Am gastronomischen Konzept hat auch Hannes' Tochter Anna mitgefeilt, die schon im 3-Sterne-Restaurant von Starkoch Alain Ducasse in Paris gearbeitet hat.

Die Landhauszimmer des Genießerhotels punkten mit ländlichem Charme. Einmalig: Pool und Saunahütte mitten in den Morillon-Weingärten!

Ein Hit ist die Panoramasuite auf zwei Etagen mit Fernsicht de luxe. Hannes' Gattin Ulrike rundet das Urlaubsfeeling mit Massageangeboten (auf Anfrage) ab.

Tipp: Fragen Sie nach der Beerenauslese 2010, die bereits Prinzessin Madeleine von Schweden im Rahmen ihres Hochzeitsmenüs im Königspalast begeistert hat.

Mit Laib und Seele

WEINBAU UND BROTHOF ATSCHKO

Glanz an der Weinstraße 11
8463 Glanz an der Weinstraße
T: 03454 6413
W: www.facebook.com/BrothofAtschko

Der Wecker ist bekanntlich unser aller Feind. Für Rupert und Waltraud Atschko ist die Snooze-Taste tabu, denn ihre Tage beginnen noch etwas zeitiger als unsere. Wer in Glanz an der Weinstraße unterwegs ist und die Nase aus dem offenen Autofenster hält, braucht womöglich gar kein Navi. Zumindest jeden Montag, Mittwoch und Freitag, wenn am Brothof Atschko der Duft von Frischgebackenem das Ziel des Weges vorgibt. Bauernbrot, Vollwertbrote, Spagatkrapfen, Weinstrauben, Brauchtumsgebäck – das ist nur ein kleiner Auszug des reichhaltigen Sortiments, das in Handarbeit von Bäckermeister Rupert hergestellt wird.

„Unsere Produkte werden mit hausgemachtem Sauerteig und ohne chemische Zusatzstoffe hergestellt", erklärt Atschko. Seiner Sauerteig-Hefe-rezeptur mengt der Landwirt Wein aus der eigenen Produktion bei. Für die umliegenden Buschenschänken produziert der Hof passend zur Brettljause ein spezielles „Wandelbrot" (Kastenbrot) und zu Pfingsten bäckt Atschko die in der Gegend viel gerühmten Poganzen – eine süße Mehlspeise (→ siehe Seite 76, Weingut Kögl), die im Topf zubereitet wird. Das Atschko-Gebäck findet man übrigens auch in zahlreichen Frühstückskörbchen der umliegenden Winzerzimmer, beispielsweise am Zinnhof in Glanz.

MILCHHOF SCHAUTZER

Sernauer Straße 44
8462 Gamlitz
T: 03453 6603
W: www.sernauberg.at
Passt perfekt aufs Brot – Schafskäse

ZINNHOF

Glanz 13
8463 Leutschach
T: 0676 613 37 67
W: www.zinnhof.at

Formgebend

Nach der Geburt ihrer drei Kinder wurden ständige Neugier und Wissbegierde zur Triebfeder, sich Neuem zu öffnen und dem kreativen Gestalten mehr Raum zu geben. „Die Suche nach dem Ideal in der Gestaltung bestimmt mein ganzes Tun. Wobei ich tue, weil ich tun will und das mit ganzem Herzen", zeichnet Sabine Reder ein lebendiges Bild ihrer passionierten Handwerkskunst. So entstehen am Sernauberg Werkstücke voller Emotionalität und Detailreichtum. Reders kreative Bandbreite ist groß und schwankt zwischen Modeaccessoires, Wohnobjekten, Gartenskulpturen, Lavendel- und Rosenprodukten. „Eine meiner liebsten Beschäftigungen ist das Filzen – eine sinnliche Erfahrung mit unglaublichem Entwicklungspotenzial", schwärmt die Südsteirerin.

Der Rosenhof selbst war einst ein familiärer Weinbaubetrieb. Die Weinreben wichen über die Jahre hinweg Schafen, Eseln, Pfauen, Hühnern, Bienen, historischen Rosen und 1500 Lavendelstöcken. Seit 2007 beheimatet das Anwesen Reders exzeptionelles Landart-Atelier. „Ich versuche die Elemente Wildnis und Kultur so zu verbinden, dass sie ökologisch funktionieren und ästhetisch überzeugen." Reder experimentiert neuerdings auch mit mediterranen Pflanzen wie Pinie, Mandel und Granatapfel. ■

ROSENHOF

Sernau 68
8462 Gamlitz
T: 0664 418 25 67
W: www.sernauberg.at

Südsteirische Herzlichkeit

WEINLANDHOF 

Untere Hauptstraße 15
8462 Gamlitz
T: 03453 2584
W: www.weinlandhof.at

Die Ursprungsgeschichte des Weinlandhofs reicht bis ins 19. Jahrhundert zurück. Das einfache Dorfgasthaus erhielt schließlich in den Sechzigern erste Gästezimmer, bevor das Haus nach und nach zum heutigen touristischen Qualitätshaus heranwuchs.

Heute wird der Weinlandhof von Rosemarie und Thomas Pichler, gemeinsam mit den Eltern Rosa und Arnold Wratschko, geführt. Mit Großvater Karl Wratschko sowie den beiden Söhnen Valentin und Florenz sind gleich vier Generationen unter einem Dach vereint.

Rosemarie Pichler ist die Küchenfee des Hauses und kredenzt Naturküche von hausgemachten Ravioli aus Dinkel- und Traubenkernmehl mit Spinat-Frischkäsefüllung und steirischem Bergkäse bis zu Hollerschmarren mit Williamsbirnenkompott. Auch steirische Klassiker wie braune Bohnensuppe mit Rollgerste oder gefülltes Kalbsschnitzerl stehen auf der Karte. Eine Sünde wert sind ganz klar die hausgemachten Weinnockerl sowie die sommerlichen Sorbetvariationen. In der Bio-Sauna, einem Aromadampfbad und einem Indoorpool kann man die genüsslichen Eindrücke des Tages Revue passieren lassen. ■

BUSCHENSCHANK SÖLL 

Steinbach 63a
8462 Gamlitz
T: 03454 6667
W: www.weingut-soell.com
Tipp der Hausherren

Peter Kraus

Rock'n'Roll-Legende & Schauspieler

Wäre die Südsteiermark ein Lied, welchen Titel würde es tragen?
Ich würde sagen, die Südsteiermark ist mein „Sugar Baby" geworden.

Was bewog Sie dazu, in der Südsteiermark Ihre privaten Zelte aufzuschlagen?
Durch meine Begeisterung für Oldtimer Rallyes und mehrmalige Teilnahme an der Südsteiermark Classic kam ich in diese herrliche Gegend. Ich bin in München geboren, in Salzburg und Wien aufgewachsen, bin Österreicher. Meine Frau Ingrid ist eine echte Wienerin und wir wussten eigentlich schon lange, dass wir, wenn wir „reifer" werden, um nicht das Wort „älter" zu gebrauchen, uns ein schönes Zuhause in Österreich suchen werden.

Wie würden Sie den südsteirischen Menschenschlag beschreiben?
Die Südsteirer sind sehr offen und stolz auf ihr Land und auf die positive Entwicklung in den letzten Jahrzehnten. Sie sprechen mich auf der Straße an und sagen mir, dass sie sich freuen, dass Ingrid und ich hier wohnen. Das finde ich schön, es ehrt mich. ■

Am Labitschberg übt sich der Musiker außerdem als Winzer, tatkräftig unterstützt von Manfred Tement (→ siehe Seite 36, Weingut Tement).

Genusshöhepunkte Gamlitz

ALLES KÄSE

Vier Schafrassen beherbergt die Schäferei Draxler, darunter die hochgefährdete alte Nutztierrasse Braunes Bergschaf. Diverse Schafskäsesorten und Lammfleischspezialitäten werden direkt am Hof produziert. Großartig: der Schafsfrischkäse.

SCHÄFEREI PETER DRAXLER
Oberlupitscheni 5
8462 Gamlitz
T: 0664 151 76 91

DAS GUTE VOM BAUM

Verantwortungsbewusstsein gegenüber der Natur ist das Fundament für die hohe Qualität des Zuegg-Flaschenobsts von Weichsel bis Apfel-Karotte. Neben Fruchtsäften und Nektar werden auch Most, Frizzante, Edelbrände, Liköre und Marmeladen produziert.

OBSTHOF ZUEGG
Eckberg 39
8462 Gamlitz
T: 0664 426 55 17
W: www.obsthof-zuegg.at

BÄCKEREI ALTENBURGER

St. Nikolai ob Draßling 1
8422 St. Nikolai ob Draßling
T: 03184 2278
W: www.baeckereialtenburger.at

HOFLADEN STOISSER

Dorfstraße 55
8403 St. Margarethen bei Lebring
T: 03182 3107
W: www.stoissers-hofladen.at

ZUR RUHE KOMMEN

1978 hat sie ihre Pforten geöffnet. Seither jausnet, trinkt und genießt man in der Buschenschank Gnaser im Grubtal, nicht zuletzt dank der bemühten Franziska Gnaser-Wolf. Der ehemalige Schweinestall ist heute ein Gästehaus.

BUSCHENSCHANK GNASER
Grubtal 31
8462 Gamlitz
T: 03453 5115
W: www.gnaser-weinbau.at

APARTE APARTMENTS

Zwei Gehminuten vom Zentrum Gamlitz entfernt steht das Apartmenthotel Moor-Rosl in zeitlos elegantem Design und praktischer Ausstattung. Das Frühstücksbuffet ist üppig, u. a. mit Gebäck der Bäckerei Altenburger aus St. Nikolai ob Draßling und Freilandeiern vom Hofladen Stoisser in Lebring.

MOOR-ROSL APARTMENTHOTEL
Eckberger Weinstraße 147/147a
8462 Gamlitz
T: 0664 915 77 86
W: www.moor-rosl.at

DER SAMENKÖNIG

Franz Pschait ist ein Unikat und nennt sich nicht umsonst „Samenkönig". Neben der Herstellung von Kürbiskern-Variationen betreibt das Original auch eine Buschenschank (mit Isabella Heckenklescher auf der Karte), ein Ferienhaus und Gästezimmer.

SAMENKÖNIG
Sulztal 10
8461 Gamlitz
T: 0664 102 19 19
W: www.samenkoenig.at

GRENZGÄNGER

Eine kommode Adresse für gebratene Brüstl, Käseteller, Presswurst und die hauseigene Krenterrine unter der Weinlaube. Dazu werden vergorene Rebensäfte aus Eigenproduktion oder Selbstgebranntes serviert.

BUSCHENSCHANK TRUNK
Sulztal 47
8461 Sulztal
T: 03453 6813
W: www.trunk.st

HEIMELIGES NEST

Barbara Hofmann ist Hotelkomfort in privater Atmosphäre ein Anliegen. Mit nur vier Zimmern (davon eine Suite) hat sie mit Architekt Albert Köberl einen wunderbaren Rückzugsort geschaffen. Selbstgebackenes gibt's nicht nur zum Frühstück, sondern auch im angeschlossenen Hofladen.

LOGIS 125
Grubtal 125
8462 Gamlitz
T: 0664 525 85 32
W: www.logis125.at

INSEL DER BESEELTEN

Das TamanGa in Gamlitz ist ein eigener Kosmos. Im Gesundheitsresort von Dr. Ruediger Dahlke in Gamlitz kann man einfach nur Gast sein oder an Seminaren von Dahlke oder anderen Kursleitern teilnehmen. Verköstigt wird man mit Peace-Food-Küche.

TAMANGA
Labitschberg 4
8462 Gamlitz
T: 03453 33 6 00
W: www.taman-ga.at

BRUNCHTIPP

Wen vormittags der Hunger plagt, der ist bei Andrea und Günter Kerschbaumer bestens aufgehoben. Im „Hinten im Hof Café", angeschlossen an ihre LoarMoar-Buschenschank, buncht sich's etwas versteckt u. a. mit hausgebeiztem Lachs, Gamlitzer Genussplatte und New York Cheesecake.

LOARMOAR
Untere Hauptstraße 21
8462 Gamlitz
T: 0664 502 31 04
W: www.campingstellplatz.at

VEGAN TRIFFT TRADITION

In der ersten und einzigen zertifizierten Bio-Buschenschank in der Steiermark werden sich nicht nur Veganer wohl fühlen. Seit 2006 serviert Otto Knaus neben veganer Brettljause und veganen Weinen auch Produkte vom schottischen Hochlandrind und Duroc-Schwein.

BIOBUSCHENSCHANK OTTO KNAUS
Sulztal 8
8461 Sulztal
T: 03453 4872 oder 0664 182 05 65
W: www.biowein-knaus.at

KLEINES JUWEL

Christine Rieglers Passion für spezielle Geschenke, Kunsthandwerk und Dekor ist groß. Das Sortiment wechselt saisonal. Immer vorrätig sind z. B. Edelsteincolliers und Ringe von Rotschopf Art by Andrea Haffner-Peichl. Am besten auch im Greisslerhaus ums Eck vorbeischauen (gleich neben dem Gasthaus Wratschko → *siehe Seite 188).*

HERZSTÜCK
Marktplatz 37
8462 Gamlitz
T: 0664 213 16 21
W: www.herzstueck-gamlitz.at

ROTSCHOPF ART

Andrea Haffner-Peichl
T: 0699 168 616 86
W: www.rotschopf.art

BEWEGUNGSFREIRÄUME 

Wer auf dem Weg in die Weinberge ist, kann Europas größten Motorikpark direkt an der Ortseinfahrt in Gamlitz mit 30 Stationen und 100 Übungselementen nicht verfehlen. Die Anlage ist zu jeder Zeit rund um die Uhr kostenlos benutzbar.
Tipp: Camping ist vor Ort möglich.

MOTORIKPARK
Untere Hauptstraße 455
8462 Gamlitz
T: 03453 2667 (Marktgemeinde Gamlitz)
W: www.motorikpark.com

Wo die Sonne den Stermetzberg küsst

WEINGUT KÖGL 

Ratsch 59
8461 Ratsch an der Weinstraße
T: 03453 4314
W: www.weingut-koegl.com

Wenn es nach Tamara Kögl geht, dann bedeutet Neues zu tun, nicht immer wachsen zu müssen. Den Charme ihrer Buschenschank in einem 300 Jahre alten Bauernhaus am Stermetzberg hat die Winzerin mit Lehmputz, restaurierten Möbeln vom Dachboden, mundgeblasenen Fensterscheiben und eigenem Zutun behutsam erhalten. In der urigen Stube am Tisch ihrer Urgroßmutter haben sich schon vor Jahrzehnten Weinbauern aus der Umgebung über ihre Arbeit unterhalten. An ihren Lippen hing Tamara.

„Das Interesse für das Winzerhandwerk hatte ich schon von Kindesbeinen an", strahlt die Kellermeisterin, die von ihrer Familie und von ihrem Mann, Quereinsteiger Robert, in ihrem täglichen Tun unterstützt wird. Klassik-, Orts- und Lagenweine geben Kögl die Möglichkeit, eine Vielfalt an vinophilen Ergüssen abzudecken. In der Buschenschank hilft Tante Martha mit Herz, Süßem und Herzhaftem aus. Und natürlich wäre diese Buschenschank keine Buschenschank, gäbe es keine Brettljause. Jene von Tante Martha schmeckt aber besonders gut. Unbedingt erwähnt wollen auch die Poganzen sein – eine südsteirisch-slowenische Spezialität, die für gewöhnlich nur zu Pfingsten serviert wird.

Tipp: Für Weinfreunde, die gerne verweilen, stehen charmante Gästezimmer zur Verfügung. ■

Analoges Profil

WEINGUT, WIRTSHAUS UND WEINHOTEL MAITZ

Ratsch 45
8461 Ratsch an der Weinstraße
T: 03453 2153
W: www.maitz.co.at

Wenn Wolfgang Maitz über seine fünf Einzelrieden Schusterberg, Hochgrassnitzberg, Krois, Sulz und Wielitsch philosophiert, schlägt das Pendel zwischen kühler Fragilität und reichhaltigen Jahrgängen euphorisch hin und her. Die Rieden konkurrieren nicht miteinander. Auf allen zelebriert der Winzer und zweifache Familienvater seine Liebe zur Stockerziehung. 1964 hatte der großelterliche Betrieb noch gleich viel Most wie Wein im Keller. Heute begleitet Maitz Rebstöcke auf zehn Hektar, behutsam und naturnah, und behält dabei in jeder Bewegung die Ursprünglichkeit im Auge. Das Weingut ist mittlerweile auch Weinhotel und Restaurant. „Ein Lebensgefühl, wie wir es verstehen, kann nur dann stark ausgeprägt sein, wenn wir achtsam und aufmerksam Traditionen leben und das Heute und Morgen als Chance sehen", veranschaulicht der Winzer.

2013 gründete er mit neun anderen Weinbau-Betrieben den STK-Verbund, eine emotionale Vereinigung, die ihre Verantwortung für das steirische Terroir zelebriert und mit all ihren Stärken und Schwächen auf die Region abfärbt. „Wir zeigen auch außerhalb der Landesgrenzen Profil. Wer sich nach innen definiert, schafft auch im Äußeren eine Wahrnehmung", ist Maitz überzeugt. „Wir sind Weinbauern, deren Leben durch die Natur, die vier Jahreszeiten, unsere Kellerarbeit und saisonale Gästeströme automatisch bewegt ist. Privat suche ich die Ruhe, um bei mir selbst zu bleiben."

KULTURWEINGUT KÄSTENBURG 

Ratsch 66
8461 Ehrenhausen
T: 03453 2565
W: www.kaestenburg.at
Sommelière Ilse Jakopé ist durch und durch Gastgeberin

Hartis Arena

REBENHOF EINKEHR 

Ottenberg 38
8461 Ratsch an der Weinstraße
T: 03453 257 50
W: www.rebenhof.at

Mein Opa pflegte zu sagen: „Gemüse kannst du morgen auch noch essen." Bei einer Einkehr im Rebenhof ist nicht nur der Wein von Inhaber und Winzer Hartmut Aubell eine Offenbarung für die Personenwaage: steirischer Humus von der Käferbohne als Ouvertüre, Lardo-Speck in Wacholder und hauseigenem Rosmarin im Scherzo und als Grande Finale ergötzt sich die Leibesmitte an selbstgebackenem Holzofen-Brot, feinem Leberkäse und knusprigem Schweinsbraten von Fleischhauer Thomas Bernhard (→ siehe Seite 23). Im Schlussvers lugt noch eine Käsevariation von Cheese-Artist Bernhard Gruber aus Riegersburg um die Ecke. Zu diesem Zeitpunkt dürfen sich getrost Sättigung und Zufriedenheit einstellen. Die Öffnung des unteren Teils des Gesichts bleibt aber darüber hinaus für Hartis maischevergorene Demeter-Ausbrüche, an warmen Tagen auf der 180°-Panoramaterrasse vom gewinnenden Weitblick begleitet, empfänglich.

„Im Sommer 1924 überraschte der Kaiserliche Rat Ludwig Krempl, mein Ururgroßvater, seinen Sohn Gustav mit den Worten: Fahr hinunter an die Südsteirische Weinstraße, dort habe ich einen Weingarten gekauft, den Rebenhof, und mach Inventur. So kam der Rebenhof in den Besitz meiner Familie", zeichnet Aubell die Anfänge seines heutigen Wirkungskreises, der achtsam in Einklang mit der Natur stattfindet. Für die Weingartenbewässerung wird ausschließlich Regenwasser verwendet und der eigene Wald dient als Biomasseheizung. Kompostiert wird nach strengen Demeter-Vorgaben. So viel Umsichtigkeit von innen heraus braucht steten Brennstoff: „Ein Stück Leberkäse geht noch."

RATSCHER LANDHAUS 

Ottenberg 35
8461 Ratsch
T: 03453 231 30
W: www.ratscher-landhaus.at
Ganz in der Nähe

Kompromisslos

Wäre Ewald Zweytick ein Wein, wäre er ein kräftiger Sauvignon Blanc im Barrique ausgebaut – mit ordentlicher Tiefe und Länge. Zweytick ist als Quereinsteiger in der Winzerbranche bekannt. Eine Mechanikerlehre, Tätigkeiten als Fenstermonteur und Arbeiter in einer Batteriefabrik bis hin zur Berufung als UNO-Soldat prägen seinen Werdegang. Mit großer Passion widmet er sich seinen Lagenweinen „Don't Cry" (Sauvignon Blanc), „November Rain" (Morillon) und „Tosca" (Grauburgunder) – allesamt nach Guns n' Roses-Songs bzw. einem Musikprojekt von Richard Dorfmeister benannt. Zweytick punktet menschlich wie vinophil durch seine Geradlinigkeit. Privates erfährt man von ihm kaum.

„Dass mein Herz generell für den Sauvignon Blanc schlägt, weiß jeder, der mich kennt. Obwohl diese Weine generell jung getrunken werden, ist es mir ein Anliegen, langlebige, volle Weine zu kreieren. Ich lese nicht grüne Trauben, um den typischen, extremen Fruchtton zu erlangen – ich will richtig reife Trauben, die Sauvignons werden", tönt der langhaarige Weinbauer. Es bleibt sein Lebensziel, den „allerbesten" im Barrique ausgebauten Sauvignon Blanc zu kreieren und sich weiterhin in extremeren Methoden wie der intrazellulären Gärung zu probieren.

SCHRAMMS WIRTSHAUS

Sulztal 22
8461 Sulztal
T: 03453 2310
W: www.schramms-wirtshaus.at
Daran führt fast kein Weg vorbei

EWALD ZWEYTICK WEIN

Ratsch 102
8461 Ratsch an der Weinstraße
T: 0664 210 91 89
W: www.ewaldzweytick.at

Im „Grossen“ und Ganzen

WEINGUT GROSS

Ratsch 26
8461 Ratsch an der Weinstraße
T: 03453 2527
W: www.gross.at

Karg, kaum opulent oder vordergründig, salzig, langatmig. Die Landschaft der Štajerska Slovenija, früher Untersteiermark, mit ihrem alpin-mediterranen Klima brachte schon zu Kaisers Zeiten Weißweine von internationalem Format hervor. Die Winzerbrüder Johannes und Michael Gross haben sich jenseits der steirischen Grenze der Pflege von Weingärten verschrieben und zeigen auf slowenischem Terrain Pioniergeist. Ihre Entschlossenheit leben sie in Gorca und Colles, beides nur 60 Kilometer südlich des Gross-Stammhauses gelegen. Ihre Verbundenheit zueinander ist nicht nur in einem ähnlichen Weingeschmack, sondern auch in der Tatsache begründet, dass sie jeweils die Schwester der Schwägerin geheiratet haben.

„In einem Familienbetrieb spielt immer mehr mit als das rein betriebliche Denken: Freude an gemeinsam Geleisteten über Generationen hinweg und die Freiheit, Entscheidungen treffen zu können, die über Generationen gedacht sind“, erläutert Johannes Gross. 2008 reist er mit Bruder Michael nach Ungarn zu István Szepsy – dem Pionier trocken ausgebauten Furmints –, eine der häufigsten Rebsorten Sloweniens, um eine Selektion seiner besten Reben zu bekommen. Sie vermehrten die Rebstöcke und pflanzten sie auf die Terrassen des Weinorts Gorca. 2011 brachten sie den ersten slowenischen Jahrgang auf den Markt. „In unseren Augen zählt Gorca nicht nur optisch zu den reizvollsten Weinbaugegenden weltweit.“ Mit ihrem Zutun und in Kooperation mit ansässigen Weinbauern möchte die Familie die Steiermark Sloweniens spannungsfrei verbinden und ihr zu neuem alten Ruhm verhelfen.

RESTAVRACIJA MAK

Osojnikova ulica 20
2000 Maribor (Slowenien)
T: +38 6 (2) 620 00 53
W: www.restavracija-mak.si
Grenzenlos im Grenzgebiet unterwegs – ein Tipp von Familie Gross

Fordernde Stille

Wenn in der Ruhe die Kraft liegt, dann haben Roland und Alice Tauss im übertragenen Sinn ganz schön dicke Ärmel. Ihr Wein- und Yoga-Refugium in Leutschach strotzt porentief vor Achtsamkeit. Die fordernden wie feinen Naturweine von Winzer Roland sind charakterisiert durch Spontangärung, biologischen Säureabbau, Holzfässer, Maische- und Hefekontakt, keine Filtration und minimale Schwefelzugabe. Die Herstellung und Verwendung von feinstofflichen Präparaten aus Mist, Heilpflanzen und Mineralien ist dabei ein ganz wesentlicher Vorgang. Achtsamkeit, die schmeckt.

Der Weg entwickelt sich bekanntlich im Gehen. Manchmal aber auch im Hund, in der Kobra oder dem Krieger: Das Haus der Stille am Weingut ist ein luftiger Yoga- und Meditationsraum, in dem ganzjährig nicht nur Nächtigungsgäste an Kursen teilnehmen können. Außerdem im Angebot: Nuad-Thai-Massagen und Lomi-Körperarbeit. Für die nächtliche Ruhe stehen eine Hofwohnung, je ein Rotwein- und Weißweinzimmer sowie ein geräumiges Winzerhaus zur Verfügung. Wem es zwischendurch zu ruhig wird: Das Haupthaus beherbergt für Gäste zwei Aufenthaltsräume mit Wein-Kühlschrank, Getränken, Büchern und Spielen. ■

WEINGUT TAUSS 

Schlossberg 80
8463 Leutschach
T: 03454 6715
W: www.weingut-tauss.at

Der mit der Libelle tanzt

Andreas Tscheppe tanzt mit grünen und blauen Libellen, streichelt auf vinophile Art und Weise Hirschkäfer und Salamander. Die Erträge seiner Weingärten sind niedrig, die Beeren unglaublich aromatisch, die Gärung startet spontan, den Schwefelgehalt hält er äußerst gering und der Ausbau seiner Weine findet in Holzfässern statt. Wenn es darum geht, einen Ausnahmewinzer zu nennen, drängt sich der Name des Leutschachers in der Naturweinszene mit Schallintensität auf, obwohl der Weinbauer selbst viel lieber leisen Tönen Raum schenkt. Die Erkenntnis, dass der Boden und die darauf gedeihenden Pflanzen in ihrem Wesen und ihrer Lebendigkeit uns gleichzusetzen sind, prägt seine alternative Betrachtungs- und Umgangsweise. Seine Weine tragen die Namen der Nützlinge der Lagen Krebskogel und Czamillonberg – jene Orte, an denen sich Tscheppe am liebsten aufhält und zwischen den Extremen der Natur, erstrebter Einsamkeit und seinen selbst auferlegten Werten eine ganz eigene Balance zu finden versucht.

„Der Krebskogel nahe der slowenischen Grenze ist dem Paradies schon sehr ähnlich. Früher habe ich den Rummel gesucht, heute beschäftige ich mich lieber damit, wie ich das Trinkwasser unserer eigenen Quelle optimal für uns nützen kann.“ Den Takt seines Lebens geben ohnehin seine Weine vor. Er begleitet sie behutsam in ihrem Werden und reduziert die Schwingungen von Boden, Landschaft, Jahrgang und Persönlichkeit auf das Wesentlichste. „Erfolg ist für mich die Freiheit, mich selbst sehen zu können und zu wissen, wer und was ich bin. Das ist in dieser Welt ohnehin alles andere als einfach“, philosophiert der feinsinnige Winzer mit Gattin Elisabeth an seiner Seite. „Wer wie ich viel spürt, der hat auch Zweifel. Meine Frau ist deshalb nach außen hin mein wichtigster Parameter.“

WEINGUT ANDREAS & ELISABETH TSCHEPPE

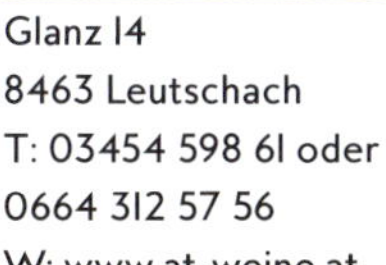

Glanz 14
8463 Leutschach
T: 03454 598 61 oder
0664 312 57 56
W: www.at-weine.at

ANDIS WANDERTIPP

Der Zustieg zur Aussichtswarte Platsch erfolgt von slowenischer Seite. Kurz nach dem ehemaligen slowenischen Grenzgebäude an der L660 führt eine Schotterstraße links den Berg hinauf. Das Plateau belohnt den Aufstieg mit einem spektakulären Blick auf die Weinhänge.

Leichtigkeit ist eine Frohnatur

LIEPERT'S KULINARIUM

Arnfelserstraße 2
8463 Leutschach
T: 0664 141 81 16
W: www.lieperts.at

Aufgesetztes liegt Manuel Liepert gar nicht. Wenn der gebürtige Deutsche lacht, geht einem das Herz auf. Seine leichtfüßige Herangehensweise an regional inspirierte Kreationen von Zeburind (→ siehe Seite 89) bis Schafgarbentriebe regt an. „Ich gehe meinen Zutaten auf den Grund und möchte entdecken, was im Inneren steckt", posaunt Frohnatur Liepert. In seinem 2-Hauben-Restaurant und ausgewählten Caterings fügt er seine Erkenntnisse zu einem großen Ganzen zusammen und legt dabei die Herkunft der Zutaten stets offen auf den Tisch.

Angst vor Neuem haben andere. Liepert reizt das Unerwartete – als Küchenchef hält er mit gekonnter Lässigkeit ausufernde Experimentierfreude in Zaum. Neben seiner Wirkungsstätte „Liepert's Kulinarium" zeigt er wenige Häuser weiter im Kniely-Haus, Zentrum für Kunst, Kultur und Kommunikation, dass er auch für gediegene Kaffeehaus-Stimmung sorgen kann. Das Angebot rundet er mit einer bunten Frühstückskarte (am Egg Benedict kommt man fast nicht vorbei) sowie täglich frischen, selbstgemachten Mehlspeisen ab.

DAS KNIELY BY LIEPERT 

Arnfelserstraße 10
8463 Leutschach
T: 0664 141 81 16
W: www.lieperts.at

Südsteirisches Bullerbü

MITANANDA H.O.F. 

Pössnitz 27
8463 Leutschach
T: 0650 270 37 20
W: www.mitanandahof.com
oder www.siakkos.com

Nach eineinhalb Jahrzehnten im Wienerwald hat eine Urlaubsreise in die Südsteiermark ihr Leben verändert. „Wir haben uns haltlos in diesen Hof verliebt, den wir seit 2014 mit kreativen Ideen bespielen", illustriert Familie Siakkos. Vierfachmama Karin war einst Lehrerin und lernte in New York ihren heutigen Ehemann Niko, halb-Grieche-halb-Deutscher und ein Tausendsassa per se, kennen. Gemeinsam entwickelten sie den Begegnungs- und Lernort „Mitananda H.O.F.", dessen Name glückseliges Miteinander und den Gedanken des House of Freedom (HOF) zum Ausdruck bringen soll.

„Ich habe mein ganzes Leben lang den Wunsch in mir getragen, dass Menschen den Weg zu mir finden, und, begleitet oder unbegleitet, kreativ lebenslanges Entdecken und Lernen spüren", erklärt Karin Siakkos. In der offenen Kreativwerkstatt und bei geführten Workshops gehe es im Kontext von Einkochen, Filzen, Töpfern und Co. aber nicht immer darum, unbedingt etwas mitzunehmen, sondern auch „einfach nur sein zu dürfen". Ein Ort, an dem Orientierungslosigkeit nicht zum nächsten Termin verpflichtet. Hier darf alles, nichts muss.

Diesen Gedanken dehnen die Siakkos auch dahingehend aus, dass sie ihren Hof zu Österreichs erstem Freilernerzentrum erklärten. „Wir vertrauen dem inneren Entwicklungsplan unserer vier Kinder, geben ihnen Zeit, Aufmerksamkeit, Geborgenheit und Raum zur Entfaltung ihrer Begabungen und Begeisterungen", so das Paar, das immer wieder Freilerner aus der ganzen Welt am Hof empfängt. Nächtigungsmöglichkeiten sind vorhanden, Gäste erfreuen sich an Köstlichkeiten aus dem großen Permakulturgarten und Hofladen. ■

BIO-WEINGUT MENHARD 

Pössnitz 70, Menhardweg
8463 Leutschach
T: 0664 350 31 94
W: www.weingut-menhard.jimdo.com
Arbeiten seit den frühen 90er-Jahren biologisch

GRÜNHEXENLAND 

Wielitsch 35
8461 Ehrenhausen
T: 03453 468 49
W: www.gruenhexenland.net
Noch mehr Schenken, Tauschen, Teilen

Kleine Rinder gehen steil

Hans Muster ist auf der Remschniggalm aufgewachsen. Weinanbau, Forstwirtschaft und Viehzucht waren damals maßgebend für das Einkommen am Hof. „Wein war das Steckenpferd meines Großvaters, aber die Leidenschaft dafür habe ich nicht vererbt bekommen“, lächelt Muster mild. Heute ist der Weingarten verpachtet und auf den Weiden rund ums Haus stehen bucklige Zwergzebus. „Die kleinen, genügsamen Rinder lassen sich viel besser in unsere Landschaft integrieren als hochgezüchtete Hochleistungskühe. Als wir die Rinder Anfang der Nullerjahre ansiedelten, wurden wir ob ihrer Exotik aber schon etwas schräg angeschaut“, erinnert sich der Landwirt. Über 100 Zebus weiden mittlerweile auf der steilen, aber dennoch niedrigsten Alm Europas, die einen genialen Blick auf die halbe Steiermark offenbart.

Geschlachtet wird direkt am Hof, das Fleisch verkauft Familie Muster überwiegend an private Abnehmer. „Uns ist es wichtig, unsere Philosophie mitzutransportieren, und das funktioniert am besten im direkten Kundenkontakt. Wir geben auch gerne Rezepttipps mit auf den Weg.“ Auf den Familientisch kommt bevorzugt der Buckel, also der Höcker der Zebus, als Pulled Beef, das bei Niedrigtemperatur im Ofen geschmort wird. ■

ZEBUHOF MUSTER

Remschnigg 50
8463 Leutschach
T: 03455 270
W: www.zebu.at

KRENNMÜHLE 

Schlossberg 60
8463 Leutschach
T: 03454 318
W: www.krennmuehle.at

Dank der Launen der Natur

WEINGUT KARL RENNER

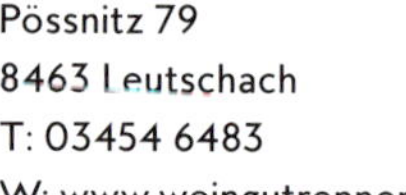

Pössnitz 79
8463 Leutschach
T: 03454 6483
W: www.weingutrenner.at

Gute Weine und gute Winter erzählen ihre eigene Geschichte, geprägt von den Nuancen der Jahreszeiten. Die Passion und ideologische Überzeugung, die man als Weinbauer in den Boden investiert, bekommt man letztendlich über den Rebstock zurück. Wenn man diese Philosophie anschließend ohne künstliche Umwege in Flaschen füllt, ist man Karl Renners Weinen schon recht nah. Dem Freigeist und Bio-Winzer aus Leutschach geht es um Weine, „an die man sich erinnert – und das gerne und so lange wie möglich".

„Wahre Qualität stellt sich nie selbst ins Rampenlicht. Sie beruht auf der Intensität des Subtilen und Unaufdringlichen, beim Gespräch wie beim Wein. Das ist meine Philosophie, auch und besonders als Weinbauer." Unter größtmöglicher Rücksichtnahme auf den Kreislauf und die Launen der Natur macht Renner Weine, die nicht nur gerne getrunken, sondern die auch mit seinem eigenen Gefühl für die Weinbereitung im Einklang stehen. ■

GLANZER HOFTOUR

Die Glanzer Riesen-Weintraube am Eorykogel unweit des Weinguts Renner ist ein idealer Ausgangspunkt für die Glanzer Hoftour, die neun Höfe auf einer Genusstour miteinander verbindet. Diese Etappe führt vorbei am Gut Pössnitzberg (→ siehe Seite 98), über Langegg zum Himbeerhof Renner (→ siehe Seite 104) und dem Brothof Atschko (→ siehe Seite 68) bis zum Sabathihof Dillinger (→ siehe Seite 100) und wieder zum Ausgangspunkt zurück. Nähere Informationen zu dieser Wanderung finden sich auf www.suedsteirischeweinstrasse.com

Herzerziehung

Ja, Wein zu machen (und Wein zu trinken) ist eine wahnsinnig emotionale Angelegenheit. „Manchmal liegt aber auch das Rationale ganz nah. Als naturnaher Winzer will ich schließlich verstehen, warum man Dinge tut, wie man sie tut. Für mich zählt nicht nur das Ergebnis, sondern alle Elemente, die zu einem runden Ergebnis in der Flasche führen", deklariert Daniel Jaunegg.

Unterstützt von seiner Lebensgefährtin Jasmin steht Jaunegg auf seinem Weingut am Eichberg für ausbalancierte Weine ein. Sein Credo: „Ich unterstütze meine Weine so viel wie nötig und so wenig wie möglich." Gemeinsam mit seiner großen Liebe hat er 2018 ein ganz besonderes Projekt realisiert. „Auf unserem steilen Hausweingarten wächst auf einem halben Hektar unsere wahrhaftige Herzensangelegenheit. Jasmin und ich bewirtschaften diesen Teil als Paar und binden eigenhändig die zwei Ruten der Stöcke herzförmig. Die Edition von 400 Flaschen Sauvignon Gris – handgefüllt, verkorkt und mit einem Tropfen eigenem Bienenwachs versiegelt – nennen wir aus gutem Grund Herzstück." Bei dem leicht rosa-kupferfarbenen Traubengut der besonderen Sauvignon-Blanc-Mutation bekommt man auch bei gedrosselter Trinkgeschwindigkeit fast automatisch Herzerl in den Augen.

WEINIDYLLE DREISIEBNER

Sulztal 44
8461 Sulztal
T: 03453 2809
W: www.weinidylle-dreisiebner.at
Obst, das wir lieben

KNAPPENHOF

Kranach 44
8463 Leutschach
T: 0664 363 11 43
W: www.knappenhof.eu
Buschenschank mit jahrhundertealter Tradition

WEINGUT STERNAT-LENZ

Remschnigg 17
8463 Leutschach
T: 03455 7693
W: www.sternat-lenz.com
Tolle Käsejause

WEINGUT DANIEL JAUNEGG

Eichberg-Trautenburg 160
8463 Leutschach
T: 03455 6754
W: www.jaunegg.at

Bekannte Schafe, einsame Löwin

SCHÄFEREI KURIHOF, KURIOSK

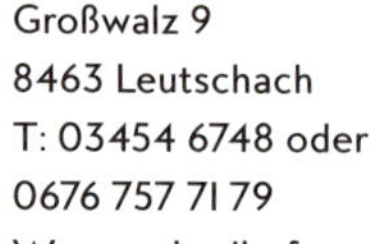

Großwalz 9
8463 Leutschach
T: 03454 6748 oder
0676 757 71 79
W: www.kurihof.at

In grauem Strickpullover und Jeans macht sich Nicole Strieder über das Herbstlaub her. Als Kind urlaubte die gebürtige Tirolerin in der Südsteiermark, seit 1994 lebt sie hier, am Kurihof auf 760 Meter Seehöhe, umgeben von Streuobstwiesen und Mischwäldern, direkt an der Grenze zu Slowenien. Wer die Heiligengeistklamm hinaufwandert, kommt am höchsten Punkt der Wanderung oder beim Abstieg zurück nach Leutschach automatisch an Strieders „Kuriosk" vorbei – einem kleinen Selbstbedienungskiosk, der hausgemachte Säfte und Spezereien von Schafwürstel und Leberwurst über Eierlikör und Schnaps bis Quittenkas offeriert. Müde Füße freuen sich über Liegestühle und Schaffelle, die das Jausnen unter freiem Himmel komfortabler machen.

Nicole Strieder zelebriert am Kurihof die Symbiose zwischen Mensch, Tier und Landschaft. Mit wacher Miene verfolgen ihre Border Collies Joey und Sun das Treiben auf dem Wanderweg und der angrenzenden Weide. Ein kurzer Pfiff und die vifen Vierbeiner rennen in rasantem Tempo zur gemischten Herde von Krainer Steinschafen und Coburger Fuchsschafen. „Vor einigen Jahren, nachdem ich schon einige Kilometer beim Umkoppeln, Verladen oder Suchen meiner Schafe gelaufen war und regelmäßig mehrere Familienmitglieder zum Einfangen meiner Schafe benötigte, besuchte ich den Betrieb meiner lieben Freundin Barbara Soritz und lernte dort erstmals die faszinierende Arbeitsweise des Border Collies kennen. Langsam begann ich dann selbst mit der Zucht und Ausbildung der Hunde", berichtet die dreifache Mutter, die ursprünglich eine therapeutische Berufsausbildung abgeschlossen hat. Es sei anfangs nicht einfach gewesen, als Schafzüchterin in der Südsteiermark Fuß zu fassen. „Anfang der Nullerjahre war in dieser Gegend Schaffleisch tabu. Wenn du Viecher gehabt hast, dann Rinder, aber sicherlich keine Schafe", lächelt Strieder so natürlich, wie man hier oben nur lächeln kann. Ihre Augen blitzen und erzählen davon, wie gern sie das macht, was sie hier macht: die Arbeit mit den Schafen, in der Natur, in ihrem eigenen Tempo und auf ihre eigene Art. „Ich sehe mich als Nischenfüllerin. Ja, es ist relativ einsam hier oben, aber genau das macht das Almfeeling aus." ■

Das süße Summen

DIE BIO-IMKER

Großwalz 9
8463 Leutschach
T: 03454 599 18
W: www.die-bioimker.at

Bienenvölker sind bekanntlich sehr fleißig und eigentlich benötigen sie den Menschen gar nicht. Die Bio-Imker Helene Polak und Thomas Waitz unterstützen und züchten sie bedachtsam. Die ausgebildete Imker-Facharbeiterin und der Landwirt leben als Kleinbauern in einer Hofgemeinschaft am Kurihof (→ siehe Seite 92). „Wer meint, es wäre egal, in welcher Region Bienenstöcke stehen, der irrt gewaltig“, klärt Polak auf. Das Besondere an ihrem Lagenhonig ist nämlich die hohe Biodiversität ihrer Landwirtschaft im südsteirischen Weinland. „Unser Mischwald am wird in Plenterwirtschaft betrieben und bietet unseren Bienen dank Edelkastanien, Buchen, Eichen, Linden, Kirschen, Ahornen, Weißtannen, Fichten, Lärchen und Kiefern eine enorme Multikulturalität“, erklärt Polak.

Beispielsweise der herbe Edelkastanienhonig, der in Österreich mittlerweile nur noch selten in Bioqualität erhältlich ist, verfeinert Grießbrei und Joghurt mit Früchten, glaciert Lamm und Hendl und wandert sogar ins Gulasch. „In jedes gute Gulasch gehört etwas Honig“, gibt Polak mit auf den Weg. Die Produkte der Bioimker und ihrer 55 Völker sind am Weingut Tauss (→ siehe Seite 84) sowie in allen Filialen der Bäckerei Felzl in Wien erhältlich. ■

Gib die Hopfung nie auf!

HOPFENHOF POSCHARNIK 

Remschnigg 20
8463 Leutschach
T: 03455 372
W: www.hopfenhof.at

Auch wenn sich der Hopfenanteil pro Hektoliter Bier im Gramm-Bereich bewegt, verleiht er Bier seine charakteristische Note. Man mag es kaum glauben, aber mitten im Weinland spielt auch das Bier eine gewichtige Rolle. Bereits um 1824 wurden erste Hopfenanbauversuche in der Südsteiermark durchgeführt und nach dem Zweiten Weltkrieg war Peter Reininghaus treibende Kraft auf dem Gebiet.

Der Hopfen ist auch Manfred Poscharniks Leidenschaft – vom Anbau, der Pflege bis hin zur Ernte und Verarbeitung. Seit 1956 gedeiht am Hopfenhof der Rohstoff für flüssiges Brot.

Neben dem Hopfenanbau betreiben die Poscharniks eine vielseitige Landwirtschaft mit Streuobstwiesen, Käferbohnenanbau, einem kleinen Weingarten und einer Schafzucht. Darüber hinaus kümmert sich Senior Rudolf um das Dammwildgehege und die Forellenzucht. Manfreds Gattin Roswitha ist hingegen für die Gästebetreuung am Bauernhof zuständig. Die Zimmer sind nach den Hopfensorten Magnum, Cicero, Aurora und Celeia benannt und in ihrer Einrichtung sehr natürlich gehalten. ■

Reiner Wein

Manchmal wird aus Wein ein Seelenverwandter. Dabei ist nicht der Rausch das Objekt der Begierde, sondern vielmehr der Prozess des Genusses, der den vinophilen Moment perfekt macht. Ewald Tscheppes Weine, unter den bekanntesten Ex Vero I bis III, haben diese Gabe und diese Tatsache haben sie ihrem achtsamen „Geburtshelfer" zu verdanken. Ewald Tscheppe ist ein Winzer, der Biodynamie lebt und auf seinem Hof Werlitsch in Leutschach authentische und eigenwillige Weine produziert, die so etwas wie Seele haben. Sofern ein Wein per se eine Seele hat. „Das Geheimnis liegt im Boden. Ihn muss man als ganzheitlichen Organismus verstehen", merkt der Bruder von Andreas Tscheppe (→ siehe Seite 85) voller Klarheit und Selbstverständlichkeit an.

Natur, Berg und Gesinnung des Winzers gehen in den Flaschen eine Verbindung ein, die den Respekt vor dem Handwerk und die Verbundenheit mit der Erde schmecken lässt. Um Tscheppes Weine zu

lieben, muss man ihre Komplexität als Herausforderung annehmen. Es gilt sich auf sie einzulassen, sich heranzutrinken, weil sie eben in einer eigenen Dimension spielen. Das ist Naturwein, der die Zeit nicht nur entschleunigt, sondern verflüssigt.

WEINGUT WERLITSCH 

Glanz 75
8463 Leutschach
T: 03454 391
W: www.werlitsch.com

Alles Gut

GUT PÖSSNITZBERG 

Pössnitz 168
8463 Leutschach
T: 03454 205
W: www.poessnitzberg.at

Seit 1912 befindet sich das Weingut Pössnitzberg, das zu den größten Betrieben der Steiermark zählt, in Familienbesitz und wurde von Erich und Walter Polz, die es von ihren Eltern übernahmen, Stück für Stück zu seiner heutigen Größe ausgebaut. Auch Bruder Reinhold prägt nach wie vor den Weg des Familienbetriebs mit und mit Christoph Polz ist auch die jüngste Generation aktiv im Keller vertreten.

Am Pössnitzberg liegt das Gut der Familie, ein Weinhotel mit 29 Winzerzimmern und 11 Suiten inklusive exlusiven Sektkellers und angeschlossener Gaststätte. Hier gewährt man Sprudel und Weinfinessen wie dem Sauvignon Blanc Hochgrassnitzberg oder der besonderen Lage Therese eine durchaus ansehnliche Bühne. „Die Tradition verlangt viel Feingefühl, erleichtert aber zugleich neue Ideen", gibt sich Christoph Polz zukunftsorientiert. Sein Ziel ist es, keine anonymen Modeprodukte zu keltern, sondern gebietstypische, ausdrucksstarke Weine hervorzubringen. Den Weg dorthin beschreitet er mit erstaunlicher Leichtigkeit im Tun. „Blindverkostet soll man bei unseren Weinen ganz klar die Steiermark und ihr charaktervolles Terroir herausschmecken. Denn genau jene Weine exportieren unser Zuhause in alle Welt."

BUSCHENSCHANK POLZ 

Am Grassnitzberg 43
8472 Straß in der Steiermark
T: 03453 2730
W: www.polz-buschenschank.at
Weitere Genussadresse der Familie

Naturgegebenes veredelt

SERSCHENHOF 

Remschnigg 57
8463 Leutschach
T: 03455 6461 oder
0664 227 74 80
W: www.serschenhof.at

Schon im Pflichtschulalter wollte sie Landwirtin werden. Nach einer Konditor- und Bäckerlehre und einem pädagogischen Ausbildungsweg steht Bettina Tertinjek nun auf der Remschnigg an der Seite von Ehemann Gregor im Stall und streichelt Fleckvieh. Gregor ist am Serschenhof aufgewachsen und führt mittlerweile in vierter Generation den Bauernhof auf 700 Meter Seehöhe. Die Mission der Tertinjeks: weg von der Abhängigkeit, zurück zur Selbstversorgung.

„Wir vermitteln auf unserem Hof Wissen, das unsere Urgroßeltern noch für ganz selbstverständlich befanden. Mein Mann ist für die ganzheitliche Ver- und Bearbeitung unserer Rinder und Schweine zuständig und ich bringe mich als ausgebildete Kräuterpädagogin und Humangenetikerin ein, veranstalte Kräuterwanderungen, Brotback- und Handwerkskurse", berichtet die dreifache Mutter. Die veredelten Produkte sind für jedermann im Hofladen zu erstehen und für jene, die die Remschnigg erwandern, wurde mitten im Kräutergarten eine Selbstbedienungs-Jausenbox installiert.

„Es ist wunderbar zu beobachten, wie sich die Südsteiermark Stück für Stück transformiert. In den letzten Jahren wurde sie vielfältiger, bunter, mutiger und Hofkonzepte wie das unsere werden wissbegierig angenommen."

Tipp: Halten Sie im Kühlschrank vor Ort Ausschau nach den Urkräuterstangerln.

WEINGASTHOF SABATHIHOF 

Pössnitz 142
8463 Glanz an der Weinstraße
T: 03454 495
W: www.sabathihof.com
Genusstipps der Tertinjeks

BRAUEREI LEUTSCHACH 

Schillerplatz (oder Marburgerstraße) 3
8463 Leutschach
T: 0699 104 387 49
W: www.diebrauerei.com
Unbedingt das Ginseng-Bier probieren

WEINGUT TSCHERMONEGG 

Glanz 50
8463 Glanz an der Weinstraße
T: 03454 326
W: www.tschermonegg.at
Eine Institution an der Weinstraße
Empfehlung: Wildfleisch aus dem eigenen Gehege!

Das Ergebnis des Weglassens

WEINGUT MUSTER 

Schlossberg 38
8463 Leutschach
W: www.weingutmuster.com
Verkauf ab Weingut ausschließlich nach Voranmeldung unter info@weingutmuster.com

Sepp und Maria Muster wollten sich selbst und der Welt, die sie umgibt, ein Stück näherkommen, den Kontakt zum Boden (wieder) finden, sich erden. Um die Sehnsucht nach dem scheinbar Einfachen zu stillen, war die Natur ihr erster, einziger und reinster Kompass und Lehrmeisterin. 1997 absolvierte Sepp Muster einen Biodynamik-Kurs, der ihn so nachhaltig beeindruckte, dass er 2001 den elterlichen Betrieb in Leutschach unverzüglich umstellen wollte.

Heute trägt das Weingut ein Demeter-Siegel und seine Weine zählen mittlerweile weltweit zur Naturwein-Avantgarde. Unverfälscht und ehrlich paaren sich Purismus und Komplexität in auf Schalen vergorenen Weißweinen wie „Gräfin" oder „Erde" (reift 12 Monate auf der Maische). Aber auch der „Sgaminegg" von alten Reben, ein Cuvée aus Sauvignon Blanc und Morillon, ist im Glas ein Naturereignis. Bis heute verweigert sich das Paar jeglicher schnellen Weinmache und liebt die Langsamkeit. Dass sie mutig waren und sind, muss man den Musters nicht sagen. Sie hören es ohnehin nicht gerne. Wenn es eine Begrifflichkeit für sie braucht, dann ist es wohl Authentizität, die die beiden am besten beschreibt: „Wir und unsere Weine leben."

Adi Weiss

Modeexperte & Herausgeber
W: www.styleupyourlife.at

Wie kam es dazu, dass Sie an der Lage Obegg Ihre Zelte aufgeschlagen haben, und was macht den Zauber dieses Ortes aus?

Als gebürtiger Leibnitzer war es nur eine Frage der Zeit, bis es mich wieder in die wunderschöne Südsteiermark verschlägt. Aber ich muss zugeben, dass mein Partner Michael Lameraner der große Ausschlag dafür war. Er hat sich so in die Südsteiermark verliebt, dass ich durch ihn meine Heimat neu entdeckt habe. Deswegen wurde das Obegg-Haus zu einer exklusiven Eventlocation, wo sich viele Freunde und Steiermark-Liebhaber treffen.

Die Südsteiermark als Kulinarik-Hotspot: Ihre drei Top-Schlemmerplätze?

Das ist unfair. Ich hätte eine unendlich lange Liste …
Aber drei meiner Lieblingsbuschenschänken sind Firmenich, Polz und Michi Lorenz (→ siehe Seite 40, 98, 141).

Wäre die Südsteiermark ein Modeaccessoire, welches wäre sie und warum?

Die Südsteiermark wäre das schönste Accessoire ever. Ein ehrliches Lächeln. Nichts schmückt einen Menschen so sehr wie ein Lächeln im Gesicht. ■

Genusshöhepunkte Leutschach

BÜFFEL & BISON

Typische kalte Gerichte der Region mit ausgewählten warmen Speisen ergänzt und zu Kilger-Weinen serviert. Die Fleischerzeugnisse stammen aus der Kilger'schen Bison- und Wasserbüffelzucht in Rumänien.

GENUSSRAUM KILGER
Fötschach 180 (Navigation Fötschach 47)
8463 Leutschach
T: 03465 505 00 77
W: www.domaines-kilger.com

ROTER ALLESKÖNNER

Am Himbeerhof hat man sich dem Anbau von biologischen Himbeeren, Wein, Kürbis, Obst, Gemüse und Kräutern verschrieben. Toll: Pestos aus Weinblattl'n und Himbeerblättern. Spitze-Snack: Walnüsse karamellisiert mit Himbeeren.

HIMBEERHOF RENNER-VRAČKO
Langegg 24
8463 Leutschach
T: 03454 448
W: www.himbeerhof-renner.at

LAMMFROMM

Die Fleischqualität der Steininger-Schafe überzeugt seit Jahren auch Haubenköche wie zum Beispiel Gerhard Fuchs (→ siehe Seite 24, Weinbank). Spannend: Zuchtkollege Wolfgang Walther setzt in Spielfeld auf Waldschafe.

BENEDIKT STEININGER
Remschnigg 86
8463 Leutschach
T: 0680 313 11 88
W: www.krainersteinschaf.at

SCHAFHOF IM KATZENGRABEN
Obegg 23
8471 Spielfeld
T: 0664 525 12 06
W: www.katzengraben.at

FÜR LEIB UND SEELE 

Einer der idyllischsten Höfe der Südsteiermark wird von herkunftsbetonten Weinen des Winzers Christian Krampl gesäumt und bestticht durch eine hervorragende Jause, ausschließlich aus bäuerlicher Produktion.

WEINGUT OBERGUESS
Schlossberg 9
8463 Leutschach
T: 0664 438 08 38
W: www.oberguess.com

DIE BESTEN WANDERZIELE IN DER UMGEBUNG 

HEILIGENGEISTKLAMM
Ein reizvoller Steig führt von der Spitzmühle in Leutschach (Parkplatz) durch das Naturjuwel hinauf zum Grenzkamm.

ALTENBACHKLAMM
Der Einstieg befindet sich bei der Buschenschank Stelzl vulgo Altenbacher in Oberhaag. Die Talüberquerung auf einer Hängebrücke ist nur eine kleine Herausforderung.
W: www.altenbachklamm.at

WEINKULTURWEG KOLLERHOF
Eichberg-Trautenburg 39
8463 Leutschach
T: 03454 439
W: www.kollerhof.com

Dornröschen

STERNHOF VITALKOSMETIK 

Kohlberg 1
8454 Arnfels
T: 0676 688 44 04
W: www.naturkosmetik.at

Mit Dornröschen hat Erika Mis-Swoboda eigentlich nur Röschen und Dornen gemein, denn verschlafen hat die naturverbundene Wahl-Südsteirerin ihr Leben ganz offensichtlich nicht. Sie und ihr Mann, der Schauspieler Gerhard Swoboda, kehrten im Jahr 1974 ihrer Heimatstadt Wien den Rücken und machten sich auf den Weg in die Südsteiermark. Swoboda erwartete ein Kind, und das Paar wollte, dass ihr Kind in der Natur aufwächst. Sie bezogen ein 250 Jahre altes Bauernhaus, das schon seit jeher Sternhof hieß.

In den darauffolgenden Jahren wurde der Sternhof eine über die Grenzen hinaus bekannte Landkommune. Es kamen zuerst nur Freunde und Bekannte, und später junge Menschen aus nah und fern. Sie waren auf der Suche nach einem neuen Lebensmodell abseits der gängigen Gesellschaftsnormen und wollten wissen, wie man am Land eine eigenständige Existenz aufbauen kann. Es wurde Wolle gesponnen, mit Pflanzen gefärbt, gestrickt, genäht und gewebt. Es wurden Schafwolldecken und Naturkosmetik aus selbst hergestellten Kräuterölen und Tinkturen produziert. Bis heute hat sich die Palette auf mehr als 50 Produkte erweitert. 2007 hatte Swoboda die Idee, die Damaszener Rose in der Steiermark heimisch zu machen. In der Folge haben sich zwölf Landwirte dieser Idee angeschlossen und den Verein SteirerROSE gegründet, um aus Blütenblättern kulinarische Spezialitäten zu machen. ■

WEINBAU FERK 

Spielfeld 47 (oder Ferkweg 1)
8471 Spielfeld
T: 0650 637 16 88
W: www.familie-ferk.at
Familie Ferk bietet Rosenspezialitäten an

CHRISTINA & MARKUS STELZL 

Pössnitz 119a
8463 Glanz an der Weinstraße
T: 0664 924 30 90
W: www.steirerrose.at
Anbau von Damaszener Rosen

PETRA ROTHÜTL 

Murecker Straße 31/1
8472 Straß in der Steiermark
T: 0664 392 31 49
W: www.rosengenuss.at
Lust auf essbare Rosenblüten?

Aloe-vera-Creme
Rosenblüten-creme
40+ Tages- und Nachtcreme
"Aloevera"
GUT SCHÜTTELN

Naturereignis Bio

BIO-WEINGUT THÜNAUER 

Eichberg 158
8453 St. Johann im Saggautal
T: 0664 533 70 83
W: www.weinbau-thuenauer.com

Statt schwerer Maschinen, synthetischer Pflanzenschutzmittel, Naturgiften und Kunstdüngern lieber Vertrauen in überliefertes Wissen der Großmütter und Großväter. Das ist für Winzer Georg Thünauer oberste Prämisse. Möglich ist das in seinem seit 1993 biologisch zertifizierten Gut dank der PIWI-Rebsorten. PIWI steht für „pilzwiderstandsfähig" und bezeichnet Kreuzungen aus europäischen und amerikanischen Reben. Das Ziel dieser Kreuzungen ist es, den bekannten Geschmack der europäischen Rebe mit der Resistenz bzw. Toleranz der amerikanischen Rebe gegenüber den klassischen Pilzkrankheiten zu vereinen.

Die Weine von Bio-Weinbauer Georg Thünauer lassen sich in keine Uniform und keine Schublade zwängen. Das schmecken auch die kleinsten Qualitätsprüferinnen der Familie, Thünauers Töchter Isabella und Helena. Sie verkosten am Hänger eifrig jene Trauben, die ihr Papa im blühenden Weingarten sorgsam hegt und pflegt. Das Weingut Thünauer trägt den Internationalen Bio-Weinpreis und ist Mitglied von „Südherz", einer Vereinigung von Bio-Weingütern aus dem Naturpark Südsteiermark, die nach definierten Kriterien Bio-Wein mit Markenqualität erzeugen.

GASTHOF JAUK-HARTNER 

St. Johann 2
8453 St. Johann im Saggautal
T: 03455 291
W: www.gasthof-jauk-hartner.at
Am Tor zum Südsteirischen Weinland

NOCH MEHR BIO-WEIN 

Weingut Bleyweis
Gauitsch 40
8442 Kitzeck
T: 0699 109 719 46

In da Keuschn

Das Meer an Hügeln, das man auf der südlichsten Alm Österreichs, der Remschnigg, erblickt, ist schon beeindruckend. Auf 410 Meter Seehöhe liegt auch der Sunkihof, bestehend aus einem Konvolut an urigen Häusern, die Lust aufs Land machen. Die Hube Greith ist mit 83 Quadratmetern, einem Heubett, Sauna plus Infrarot und einer freistehenden Badewanne das Ferien-Wellnessparadies unter den kleinen Keuschn der Familie Zenz. Der Dachziegelfußboden in der Lieschneggkeuschn erinnert gleich beim Eintreten an frühere Tage; auf Komfort muss hier aber dank gebürstetem Vollholz, Kaminofen und einer Terrasse mit Saunalounge nicht verzichtet werden.

Die Schaffelkeuschn mit Blick auf Streuobstwiesen und weidende Kühe ist perfekt für Paare. Besonderheiten: die Namensgeberin der Unterkunft, ein freistehendes Holzschaffel als Badewanne im Schlafzimmer. Auf Wunsch liefert Bäckerei Masser ein genussvolles Frühstück in die Ferienhäuser. ■

SUNKIHOF FERIENHÄUSER 

Hardegg 14-15
8454 Arnfels
T: 03455 8277
W: www.sunkihof-zenz.at

BÄCKEREI MASSER 

St. Johann 88a
8453 St. Johann im Saggautal
T: 03455 601 82
W: www.baeckerei-masser.at
Nahe gelegene Frühstücksdestination

Alexa, Auszeit an!

Ganz gleich zu welcher Jahreszeit, in den vier wunderbaren Hideaways von Christine und Klaus Pichler bzw. Marion und Michael Osmann ist man immer willkommen. Die Thombauer Hube liegt in idyllischer Hanglage gleich am Beginn der Klapotetz Weinstraße, der kleinen Schwester der Südsteirischen Weinstraße. Wenn das Kaminfeuer lodert und der Wein im Dekanter wartet, fragt kein Gedanke mehr nach dem Alltag. Zur völligen Ruhe und Entspannung trägt auch die traumhafte Hanglage des Hofs Nigelberg bei. Umgeben von Dammwildgehegen genießt man hier auf gleich zwei Sonnenterrassen die Grenzregion Südsteiermark mit Blick auf die Remschniggalm und auf Schloss Arnfels.

Die grünen Fensterläden der Schmiedhansl Hube am Eichberg winken schon aus der Ferne. Beim Eintritt in das traditionelle Winzerhaus breiten die dicken Mauern schützend die Arme aus. Zwischen Wänden und Böden aus Naturstein und auf der westseitig ausgerichteten überdachten Lounge als täglichem Freiluftkino fällt das Loslassen nicht schwer. Im Sommer erfreut man sich am zwei Hektar großen Garten und an einem Holzdeck unter Obstbäumen, das zum Yoga und Seele-baumeln-Lassen einlädt. Das Ferienhäuser-Quartett macht ein Stadl am Niglberg komplett, der nicht nur Luxus und Komfort bietet, sondern auch einen barrierefreien Aufenthalt im In- und Outdoorbereich möglich macht.

HOF NIGLBERG

Saggau 130
8453 St. Johann im Saggautal

THOMBAUER HUBE

Eichberg 77
8453 St. Johann im Saggautal

STADL NIGLBERG

Saggau 131
8453 St. Johann im Saggautal

SCHMIEDHANSL HUBE

Eichberg 103
8453 St. Johann im Saggautal

T: 0664 184 52 20 bzw. 0664 184 52 21
W: www.thombauer-hube.at

Eselwandern

ESELHOF WINKLER 

Altenbach 65
8455 Oberhaag
T: 03455 207 65
W: www.eselwandern.at

Familie Winkler hat sich das Esel-Quinett Emily, Flo, Heidi, Herman und Lola ursprünglich nur zur Grundstückspflege angeschafft. „Meine Frau bietet Kräuterwanderungen und Seminare zu Naturkosmetik und alten Hausmitteln an. Dafür braucht sie eine möglichst naturbelassene, artenreiche Natur. Für die Pflege unserer unwirtschaftlichen Landschaftsflächen sind Esel die ideale Besetzung“, erklärt Horst-Dieter Winkler, ursprünglich Maschinenbauingenieur. In den Nullerjahren ist er mit seiner Frau Anita von Köln in die Südsteiermark gezogen. „Seit damals sind wir bestrebt, das Private in den Vorder- und das Berufliche in den Hintergrund zu stellen.“ Frei nach dem Motto „weniger ist mehr“. Dabei helfen nun auch fünf Esel, die für unbegleitete Wanderungen zur Verfügung stehen.

Bei der Tagestour geht es entlang des Grenzpanoramawegs zur Kirche St. Pongratzen, die auf der slowenischen Seite liegt, und vorbei an der Remschnigg-Almhütte. Herausfordernder ist die 3-Tages-Tour, die zwei Nächte auf einem Bauernhof inkludiert. Für besondere Eselliebhaber bieten die Winklers auch eine Wochentour auf die Koralpe an. Die Wanderungen sind ideal für Tierfreunde, die gerne in der Natur verweilen und bereit sind, sich auf neue Erfahrungen einzulassen. „Der Esel bestimmt mit und das muss man akzeptieren. Tut man das, wird man mit einem tollen Erlebnis belohnt“, resümieren die Winklers.

DUFTOASE ANITA WINKLER 

GesundheitsCentrum Preding
Vitalplatz 1
8504 Preding
T: 0681 202 334 41
W: www.duftoase.at

Regionales Schlaraffenland

Margrit Sallfellner ist auf einem Bauernhof aufgewachsen. Der Bezug zu regionalen Produkten lag demnach sehr nahe. Getrieben von einem starken Nachhaltigkeitsgedanken, im temporeichen Alltag für Lebensmittel nicht von Bauer zu Bauer tingeln zu müssen, eröffnete sie viele Jahre später in Arnfels ihren eigenen Bauernladen. Die „Klapothek" führt Sallfellners Lieblingsprodukte wie Natursauerteig ohne Germ, Bio-Ffreilandschwein, heimische Fische, MONIS Nudelspezialitäten, Brot und Gebäck vom Brothof Atschko (→ siehe Seite 68) hausgemachte Suppen und Mehlspeisen sowie darüber hinaus Bio-Reformwaren, Rosenprodukte, Selchwaren von Familie Kicker aus dem Vulkanland, Käse von Franz Deutschmann, Obst und Gemüse aus der Region.

„Für besondere Ereignisse produzieren wir auf Anfrage Aufstriche, Brötchen, Platten und Partybrezen", verrät die engagierte Einzelhandelskauffrau. In ihrem Tun geht es ihr nicht nur um Regionalität, sondern auch um den bewussten Umgang mit der Natur, der Gesundheit und die daran geknüpfte Lebensfreude.

Tipp: In der „Klapothek" findet man auch immer wieder rares Kunsthandwerk aus der näheren Umgebung.

KLAPOTHEK

Leutschacher Straße 37
8454 Arnfels
T: 03455 6644
W: www.klapothek.at

SAUSALER WEINSTRASSE
KLAPOTETZ WEINSTRASSE

Die Herkunft ist das Potenzial

Im Gegensatz zur Südsteirischen Weinstraße ist das Sausal und Sulmtal wesentlich stiller und verträumter. Hier werkt man noch ein wenig im Verborgenen - vorwiegend auf Böden aus paläozoischem Urgesteins-Schiefer zwischen hochbejahrten Kastanien, reichen Riesling-Hängen und ehrwürdig alter Bausubstanz. Die Rieden rund um die höchste regionale Erhebung, den Demmerkogel, zählen mit bis zu 90 Prozent Gefälle zu den steilsten Weingärten Europas. Man habe hier den Aufsprung auf das Rennpferd Tourismus ein wenig verschlafen, tönt es vereinzelt. Andere Einheimische freuen sich darüber, dass ob der landschaftlichen Kleinstrukturiertheit der Gegend keine Reisebus-Kolonnen durch das Sausal kurven. „Nicht die Menge ist entscheidend, sondern die Qualität" scheint bisweilen das amabile Credo der Region zu sein.

Trotzdem, oder gerade deshalb, stehen sorgsamer Weinanbau, verantwortungsvolle Hege des Viehs, liebevolle Weiterverarbeitung regionaler Produkte und deren bedachte Zubereitung an oberster Stelle. Auch wenn man im Kleinen wirkt, kann man bekanntlich Großes bewirken. Vielleicht ist es gerade dieser geschützte Raum des Sausals und Sulmtals, der Fremden dieses wohlige Gefühl von Nestwärme vermittelt. Ein geografischer Raum, an dem es nach ofenwarmen Buchteln mit frischgekochter Marillenmarmelade, nach gerissenem Kren, nach Pilzen und Holz duftet. Klar, in Leibnitz geht es das ganze Jahr und in Sankt Nikolai und Kitzeck vor allem im Herbst ähnlich rund wie in Gamlitz, Ratsch und Berghausen. Aber spätestens dann, wenn die lauten Töne wieder verklingen, werden die leisen lauter - für jene Zeit des Jahres, in der der Nebel in sein Horn bläst und die Landschaft in daunenweiche Zuckerwatte taucht. Die Natur schnauft vor dem ersten Frost noch einmal kräftig durch. Dann ist das Sausal wieder ganz bei sich. ■

Mitten am Wegesrand

Widerstandsfähig steht er am Wegesrand, ist wild und frei. Vielleicht war es genau dieses Signaturbild des Spitzwegerichs, das Heidi Wallner dazu bewegt hat, ihr Bio-Fachgeschäft nach der oft unterschätzten Heilpflanze zu benennen. 14 Jahre lang lebte sie mit ihrem Mann Werner in Vorarlberg. Sie arbeitete im Private Banking, er in der Metallbranche. Die Idee, ein Bio-Fachgeschäft mit integriertem vegetarischem Bistro für ökologisch bewusste Konsumenten zu schaffen, spülte das Paar 2012 nach Leibnitz. „Lebensmittel brauchen Energie, um zu entstehen, und deshalb liegt es auf der Hand, sie zu achten und ihnen den Stellenwert zu geben, den sie verdienen", konstatiert Wallner.

Die Ernährungsberaterin forciert den engen Kontakt zu regionalen Lieferanten – auch, um die Erhaltung der kleinbäuerlichen Strukturen mittels angemessener Preise zu unterstützen – und punktet mit fachlichem Know-how. Das Bistro bietet abwechslungsreichen Mittagstisch von Polentapizza bis Krautstrudel, glutenfreie Lupinenburger und eine gut sortierte Kuchenvitrine. „Unser Gesamtsortiment umfasst über 4000 Artikel, darunter biozertifizierte Naturkosmetik von Dr. Hauschka, Hanftee und -nudeln, Produkte von Hildegard von Bingen, sogar Bio-Tiernahrung", so Wallner. Ein Bestseller ist der Spitzwegerich-Alpenkräuter-Tee, gesammelt von Schwiegermutter Rosemarie bei richtigem Mondstand auf über 1000 Meter Seehöhe.

Tipp: Unbedingt durch die Frischetheke gustieren.

BIO-FACHGESCHÄFT SPITZWEGERICH 

Hauptplatz 5
8430 Leibnitz
T: 03452 760 04
W: www.spitzwegerich.at

Die Kunst, sich in Neues zu verlieben

OPTIK RUDOLF, ATELIER 208

Schmiedgasse 1
8430 Leibnitz
T: 03452 822 00
W: www.optikrudolf.at

Wenn Nicole Rudolf zum Schrottplatz fährt, lässt sie ihr Auto nicht dort, sondern packt es voll. Am Meer sammelt sie lieber Treibholz, statt in der Sonne zu liegen, und in Kindertagen waren Holzstecken und Moos ihre liebsten Begleiter. „Jedes Material hat seinen eigenen Charakter. Die Vielseitigkeit der Welt begeistert mich immer wieder aufs Neue", erzählt die Künstlerin, die viele Jahre als Buchhändlerin und Interior Designerin tätig war. In der Werkstatt hinter ihrem schicken Optik-Geschäft, das sie mit ihrem Mann Christian Maly in Leibnitz führt, schweißt, schmiedet und malt die gebürtige Mureckerin, wann immer es Zeit und Muse zulassen. „Als Dekorateurin war ich oft auf der Suche nach Kunstobjekten, die zur jeweiligen Einrichtung passen. Ich wurde selten fündig und so beschloss ich, diese Dinge selbst zu kreieren", lächelt die Designaffine.

Die Ergebnisse ihrer Kreativprozesse manifestieren sich beispielsweise in Skulpturen aus Metall und Weinreben, in Bildern aus Sumpfkalk und Knochenleim sowie Schmuck aus Horn, Leder, Kieselsteinen und Treibgut. Reisen nach Asien und Afrika dienen Rudolf ebenso als Inspirationsquelle wie ihr von der Decke baumelnder Hängesessel im Atelier 208. „Ich wünsche mir, nie müde zu werden, zu entdecken und mich immer in Neues zu verlieben."

BUSCHENSCHANK KRAUTGASSER „ZUR WARTE" 

Kogelberg 3
8430 Kaindorf
T: 0664 528 55 75

Rudolfs Ausflugstipp

Von der Buschenschank Krautgasser führt ein leicht ansteigender kurzer Fußweg zur Kreuzkogelwarte. Ein schöner Höhenspaziergang mit Einkehrmöglichkeit.

Bilder, die hungrig machen

Selbst wer satt ist, bekommt in Angelika Finks Atelier Appetit. In ihrem ehemaligen Elternhaus direkt am Leibnitzer Hauptplatz lebt die Künstlerin und pensionierte Bürokraft ihre Leidenschaft für gute Küche und schmackhafte Rezepte auf Leinwänden aus. Studien bei renommierten Künstlern wie Giselbert Hoke, Hermann Nitsch, Valentin Oman und der Künstlerin Martha Jungwirth pflastern ihren Weg.

Die Idee, die Kunst des Kochens und ihre Freude an der Malerei in kulinarischen Bildern zu vereinen, entstand im Zuge eines Malkurses in Griechenland. „Ich hatte schon jede Menge Bilder gemacht und dachte, ich geh dann mal was kochen, als plötzlich jemand aus meiner Kreativgruppe rief: ‚Mal doch einfach das, was du gerade kochst!' Diese Aufforderung war wie eine Explosion", erinnert sich Fink. Das erste Werk, Basilikum-Palatschinken, ist nach wie vor ihr Lieblingsbild. Mittlerweile zieren ihre Rezeptbilder auch Schürzen, Polster und Taschen. „Mein Atelier ist ein kleiner Salon, in dem sich einmal im Monat Menschen treffen, die Spaß an Kunst und Kulinarik haben." Dann kredenzt Fink selbstgemachte Snacks und Wein ihres Lieblingsweinguts Assigal. ■

**ANGELIKA FINK
KUNST + KOCHEN**

Hauptplatz 2
(Kaspar-Harb-Gasse 1)
8430 Leibnitz
T: 0664 241 68 92
W: www.a-fink.at

WEINGUT ASSIGAL

Seggauberg 45
8430 Seggauberg
T: 03452 868 11
W: www.assigal.at

WEINGUT KODOLITSCH

Seggauberg 65
8430 Leibnitz
T: 0664 422 59 19
W: www.kodolitsch.at
Noch mehr Kunst, kulinarisch verbunden

STICK SALON

Hauptplatz 2
8430 Leibnitz
T: 0664 819 41 81
W: www.sticksalon.at
Edelstick von Susanne Regele

KRESNIK WOMAN STORE

Hauptplatz 18
8430 Leibnitz
T: 03452 824 05-0
W: www.kresnik-leibnitz.at
Modetrends von Burberry bis Marc Cain

Im Rhythmus der Erde

FRISCHEHOF

Im Lagerfeld 11
8430 Leibnitz
T: 03452 745 11
W: www.frischehof.at

Kann man einfach so in ein Geschäft gehen und gepflückte, geerntete Gartenfrische mit gutem Gewissen kaufen? Ja, kann man. Familie Robier betreibt zwischen Gralla und Leibnitz den Frischehof, einen wunderbaren wie großzügigen Bio-Einkaufsladen, dessen Sortimentsvielfalt naturbelassenes Obst und Gemüse, täglich frisches Brot, Gebäck und Mehlspeisen, eine gut sortierte Frischetheke, Naturkosmetik und -weine, Milchprodukte, vielfältige Trockenware und besondere Geschenkartikel beinhaltet. „Für uns ist es selbstverständlich, höchste Qualität im schonenden Umgang zwischen Mensch, Tier und Natur schaffen zu können. Bio steht für das Leben selbst, für eine Lebensweise, die mit Körper, Geist und Seele im Einklang ist", so der familiäre Tenor.

Wer nicht von Hofladen zu Hofladen tingeln will und dennoch ganzheitlich in allen Bereichen einkaufen möchte, ist hier goldrichtig. Beim Gustieren hungrig geworden? Im hauseigenen Biorestaurant bestellt man indische, italienische, steirische Gerichte oder Rohkost. Für die kurze Pause zwischendurch hält das Bio-Café außerdem Wunderbares wie warmen Matchatee mit Kokosblütenzucker und flaumige Bananenschnitten parat. ■

Anerkenn-Bar

Eine tolle Bar zeichnet aus, dass sie Menschen aller Schichten und jeden Alters anzieht, sie gut unterhält, entspannt, es möglich macht, dass man neue Leute kennenlernt, miteinander diskutiert und manchmal auch bis zum Ende der Nacht ausgelassen abfeiert", ist sich Quereinsteiger Gerhard Uhl gewiss. Der reiselustige Betreiber des „Rathauses Vinarium" in denkmalgeschützten Gemäuern am Leibnitzer Hauptplatz überzeugt mit seinem Barbetrieb dank hochwertigem Whisky, Gin und Rum. „Wir versuchen in individuellen Beratungsgesprächen am Barhocker den Geschmack des Gastes zu erarbeiten und ihm das für ihn optimale Getränk zu empfehlen", so Uhl. Wie trinkfeste Zinnsoldaten begrüßen beim Betreten 27 verschiedene Whiskys, vorwiegend aus Schottland und Irland – darunter Aberlour A'Bunadh aus der Region Speyside, der Laphroaig Triple Wood aus der Region Islay und der Dalmore 15y aus den Highlands. 25 Gin-Sorten, darunter auch der STIN Styrian dry Gin (→ siehe Seite 41), 15 Rum-Sorten, eine kleine Weinkarte und der gut geschulte Barchef Michael Wicht bekräftigen das hochprozentige Sortiment. Uhls weitere Hotspots: das „Da Gino" in Leibnitz für Italo-Fans sowie das „Murnockerl" in Gralla für gemütliche Restaurantbesuche. ■

RATHAUS VINARIUM 

Hauptplatz 24
8430 Leibnitz
T: 03452 855 60
W: www.rathaus-vinarium.at

RISTORANTE DA GINO

Arnfelserstraße 53
8430 Leibnitz
T: 03452 863 58
W: www.dagino.at

RESTAURANT MURNOCKERL

Obere Murstraße 21
8431 Gralla
T. 0664 127 54 00
W: www.murnockerl-gourmet.at

Fürstliche Aussichten

WEINGUT KIESLINGER

Haselbrunn 7
8430 Leibnitz
T: 03452 827 80
W: www.weingut-kieslinger.at

Das mondäne Anwesen von Stefan und Loredana Kieslinger am Kogelberg, seit 1933 in Familienbesitz, punktet mit dem außergewöhnlichen Herrenhaus Haselbrunn und einer Fernsicht, die jeder noch so opulenten Brettljause den Rang abläuft. In der gemütlichen Stube thront eine alte imposante Weinpresse und an kühlen Tagen wärmt der Kachelofen den Rücken und Hauskatze „Schneeflocke" das Bankerl.

Irgendwann macht der Panoramablick aber dennoch hungrig: Aus der Küche der Kieslingers kommt beispielsweise Feines vom Kogelberger Wollschwein, würzige Kräuteraufstriche und frisches Brot nach Rezept der Kieslinger-Oma. Die Weinkarte bietet Mineralisch-Fruchtiges im guten Mix. Besonderes Augenmerk verdient der Rosenmuskat, eine Weinrarität mit weicher Säure, blumigem Aroma und knackiger Frische. Das Gut wird im Übrigen schon seit dem 15. Jahrhundert weinbaulich genutzt. Stefans Bruder Peter bietet auf Anfrage Kellerführungen mit Verkostungen an. ■

WINZERHAUS KOGELBERG

Silberbergweg 1
8430 Leibnitz
T: 03452 834 51
W: www.kogelberg.at
Heimeliges zwischen Poularde & Spanferkel gleich ums Eck

Ans Licht gebracht

Nach vielen Jahren im Gastgewerbe ging ihr im wahrsten Sinn des Wortes ein Licht auf. Als leidenschaftliche Flohmarktbesucherin mit großer, kindlicher Affinität für alte Möbelstücke hat sich Brigitte Kirschner selbst das Restaurieren von Lampen, mitunter auch von Kleinmöbeln, beigebracht. „Anfangs sind oft die Sicherungen geflogen und Kabel gerissen", schmunzelt die gebürtige Sausalerin. Seit den Nullerjahren führt sie in der einstigen Bummelzone in Leibnitz ein Antiquitätengeschäft mit Schwerpunkt Lampen und Luster.

„Ich persönlich liebe vor allem Tisch- und Wandleuchten. Indirektes Licht hat einen ganz eigenen Zauber. Schlussendlich ist es aber immer die Geschichte eines jeden Stücks, die einen Raum füllt", reflektiert die Ausstatterin.

Bei ihrer Arbeit gehe es ihr vor allem um die ideellen Werte der Dinge, die sie nicht verloren wissen will. „Wenn ich auf Antikmärkten auf die Jagd gehe und etwas Besonderes entdecke, dann immer mit dem schönen Gefühl, dass ich meine Entdeckung eine Zeit lang ganz für mich alleine habe. Wenn ich das Stück dann nach der Restauration verkaufe, darf ich mich noch mal freuen. Ich kann mir keinen besseren Job vorstellen", strahlt Kirschner. ■

ANTIQUITÄTEN, LAMPEN BRIGITTE KIRSCHNER

Schmiedgasse 4
8430 Leibnitz
T: 03452 710 13
W: www.lampen-kirschner.at

Ist das Glück ein Kogerl?

KOGEL3

Kogelbergstraße 62
8430 Leibnitz
T: 03452 749 35
W: www.kogel3.com

Man kommt bei ihr nicht oft zu Wort. Aber daran gewöhnt man sich ob ihres sonnigen Gemüts relativ rasch. Beatrix Drennig hat Profil und lautstarke Lebensfreude inhaliert. Mit dem Wirtshaus „Kogel3", einst baufällige Buschenschank von Ex-Tennisstar und gebürtigem Leibnitzer Thomas Muster und heute Anwesen von Flügelverleiher Didi Mateschitz, hat sich die Gastgeberin und Pächterin einen Lebenstraum erfüllt.

Nicht nur die jährliche Partyinstitution „Big Bottle Party", ein exklusiver Abend, an dem heimische Klassikwinzer ihre Premium-Rebensäfte ausschließlich aus Großflaschen ausschenken, schwemmt die Winzerriege sowie heimische Promis auf den Kogelberg. Der Hügel punktet mit einer einzigartigen Aussicht, das Lokal selbst ist mit einem mächtigen Kamin, einer Gaststube aus warmer Eiche und Sesseln aus geschliffenem Büffelleder komplett durchgestylt. Im Weinkeller mit hunderten Positionen waltet Drennigs Ehemann Oliver als Regisseur und dirigiert beachtliche Großweinformate. Die regional angehauchte Küche möchte zusätzlich animieren. Wer hier nicht im Mittelpunkt stehen will, lehnt sich zurück und beobachtet genüsslich. ■

CAFÉ ELEFANT

Hauptplatz 32
8430 Leibnitz
T: 03452 825 97
W: www.cafe-elefant.at
Weiteres Genussziel der Familie Drennig

Steirischer „Thunfisch“

KOGELBERGER WOLLSCHWEINE 

Am Kogelberg
8430 Leibnitz
T: 0664 750 568 14
W: www.wollschweine.at

Wenn Kurt Stessl mit seinen Kogelberger Schweinen auf den Straßen rund um Leibnitz spazieren geht, ist das für ihn nichts Außergewöhnliches. Er lockt das sanfte Borstenvieh mit Walnüssen, Kastanien und Gerstenschrot. „Unsere Schweine laufen gerne im Familienverband umher. Sie verbringen zwölf Monate im Freien, lieben das Duschen im Sommer und den Schnee im Winter“, schildert Stessl, der eine Speditionsfirma leitet und das Projekt „Kogelberger Schweine“ mit seinen Freunden und Geschäftspartnern Peter Kieslinger, Werner Paulitsch, Stefan Prenninger und Manfred Pollanz ins Leben gerufen hat. „Wir stellen gemeinsam ein naturbelassenes Produkt sicher, das sich vom Ursprungsgedanken keinen Millimeter wegbewegt.“ Die Mission: Weg von der Konformität hin zu ungesteuerter Tierzucht ohne Wachstumsverstärker oder Futterzusätze.

„Der Jahresdurchschnittsbestand von fünfzig Schweinen versetzt uns in die Lage, unsere Direktvermarkter, Buschenschänken, Feinkostläden und Privatkunden durchgängig zu beliefern“, erklärt Stessl stolz. Interessierte werden per SMS verständigt und können die Fleischteile einmal im Monat küchenfertig und vakuumverpackt abholen. Eine Besonderheit ist übrigens der steirische „Thunfisch“, ein gebeiztes Filet vom Duroc-Schwein, das aber freilich nur optisch einem Fisch nahekommt.

HOTEL-RESTAURANT STARIBACHER 

Grottenhof 5
8430 Leibnitz
T: 03452 825 50
W: www.staribacher.at
Hier laden die Kogelberger Schweine veredelt auf dem Teller

BUSCHENSCHANK SCHULTER 

Kogelbergstraße 24
8430 Leibnitz
T: 0677 614 338 41
W: www.buschenschank-schulter.at
Fragen Sie nach einer Kostprobe Kiwischnaps

Ältestes Flussbad der Steiermark

STEINERNE WEHR

8430 Kaindorf an der Sulm
T: 0664 181 98 07
W: www.steinernewehr.com

Meine Urgroßeltern waren Landwirte und hatten Kühe. Sie benötigten diesen Platz als Weidefläche. Als sie dann keine Kühe mehr hatten, überlegten sie 1929, was sie mit diesem schönen Stück Land machen sollten“, schildert Christina Rössl. Jenes „schöne Stück Land“ ist heute als Steinerne Wehr bekannt, ein Naturbadparadies an der Sulm, fern jeglicher Chlorpoolsterilität, und gleichzeitig das älteste Flussbad der Steiermark. „Wir forcieren neben dem Baden und Schwimmen keine Aktivitäten. Gäste schätzen diesen Fleck, weil sie hier mit ihren Familien wirklich entschleunigen können“, berichtet Rössl, die das Flussbad in vierter Generation führt.

Das Badebuffet ihrer Urgroßeltern, mittlerweile geführt von Rössls Eltern, Dorli und Franz Pratter, ist von der Reiselust der Betreiber geprägt: Das indische Curry ist mittlerweile ebenso legendär wie der kleine Campingplatz auf dem Gelände. Übrigens: Die Sulm scheint inspirierend zu sein. Soulmusiker Leo Kysela ist seit vielen Jahren Stammgast im Flussbad und hat sogar ein Lied über die Steinerne Wehr komponiert. Der Titel ist vielsagend: „Paradise is here.“

Genusshöhepunkte Leibnitz

ZWISCHEN STEAK & RITTER

Wer die Südsteiermark mit urbanem Touch erleben möchte, nächtigt im Hotel „Alte Post" und lässt sich von Familie Nauschnegg, allen voran Küchenchef Stefan, mit einem Ritteressen verwöhnen. Neu: „Der Hans", das Steakhaus der Nauschneggs gleich nebenan.

ALTE POST
Sparkassenplatz 7
8430 Leibnitz
T: 03452 823 73-0
W: www.zur-alten-post.at

DER HANS

Grazer Gasse 7
8430 Leibnitz
T: 03452 823 73 0
W: www.derhans.at

MIT ALLEN SINNEN

Thomas Ranninger und seine Cousine Sensuelle sind Hauben-gekrönt und am Grottenhof im besten Ambiente untergebracht. Am Teller finden sich Gaumenfreuden wie Entenleber-Lutscher, geschmorte Kalbswangerl oder Wolfsbarsch in Salzkruste.

RANNINGER AM GROTTENHOF
Grottenhof 1
8430 Leibnitz
T: 03452 732 21
W: www.grottenhof.ranninger.at

MEHR ALS EIN SCHLOSS 

Der Blick vom historischen Schloss Seggau ins Sulmtal ist vor allem bei Sonnenuntergang unschlagbar. Die Schlosstaverne lockt mit Speis und Trank und an ausgewählten Terminen zu einem Steirer-Brunch. Tipp: geniale Tagungslocation!

SCHLOSS SEGGAU
Seggauberg 1
8430 Leibnitz
T: 03452 824 35-0
W: www.seggau.com

NACHHALTIGES FEST

Gartenbau Wilhelm setzt mit Miet-Christbäumen auf Nachhaltigkeit. Die im Topf gezüchteten Nordmanntannen können (auch online) nach Größe ausgesucht und nach Hause geliefert werden. Nach Weihnachten wandert der Baum retour zur Pflege.

GARTENBAU WILHELM
Maxlon 32
8430 Tillmitsch
T: 0664 504 63 47
W: www.gartenbau-wilhelm.at

IMMER DER NASE NACH

Seit 1953 gibt es Mallaschitz Gewürze. Heute wird der nostalgische Laden mit über 150 verschiedenen Gewürzen, Tees und Zuckerl von Carmen Agrinz geführt.

GEWÜRZE MALLASCHITZ
Schmiedgasse 5
8430 Leibnitz
T: 03452 827 54
W: www.mallaschitz.at

RAUM FÜR REFLEXIONEN

Erwin Draxler ist Buchhändler durch und durch. In seiner Büchertheke geht es ums Zuhören, ums Reden, ums Zeitnehmen. Das kann kein Webshop dieser Welt ersetzen. Ausschau halten nach ausgewählte Lesungen vor Ort! Wer sich dafür aufhübschen will, schaut gegenüber in Robert Suppans Salon „Simply Robert" vorbei.

DRAXLERS BÜCHERTHEKE
Schmiedgasse 6
8430 Leibnitz
T: 03452 841 20
W: www.buechertheke.at

FRISÖRSALON SIMPLY ROBERT

Schmiedgasse 1
8430 Leibnitz
T: 03452 716 97
W: www.simplyrobert.at

AUSSICHTSPUNKTE

Die Kreuzkogelwarte nahe Leibnitz nicht mit der Kreuzbergwarte in Eichberg verwechseln! Mehr zur Kreuzkogelwarte lesen Sie auf Seite 131 (→ siehe Seite 134, Biohof Adam).

NAHES AUSFLUGSZIEL

Der Frauenberg, etwa zwei Kilometer westlich von Leibnitz, wurde bereits in der Steinzeit besiedelt. Auf der Bergkuppe stehen zwei monumentale Tempelanlagen und die Marienwallfahrtskirche.

TEMPELMUSEUM FRAUENBERG

Frauenberg 17
8430 Leibnitz
T: 03452 863 20 oder 0664 739 009 09
W: www.tempelmuseum-frauenberg.at

Bettina Oswald

Betty O, Liedmacherin
W: www.bettyo.at

Sie sind auf einem Weinhof in Pössnitz aufgewachsen. Welche Erinnerung drängt sich diesbezüglich als Erstes auf?
Am großelterlichen Hof fuhr mein Bruder Otti Traktor, während ich in Kostümen um die Eierspeise meiner Oma tanzte. Ich fand die Freiheit in den Weinbergen unglaublich schön. Hier habe ich all meine Authentizität entwickeln können und mich quasi als Darstellerin und Künstlerin von meiner Oma entdecken lassen.

Nach Ihrer Musical-Ausbildung schälte sich peu à peu Ihr Alter Ego Betty O heraus, das den heimatlichen Landstrich in allen Facetten besingt. Wie kam's?
Mein Handwerk sind Chansons voll Witz und Ironie, die die Südsteiermark, deren Bewohner und alle dazugehörigen Klischees und Stereotype augenzwinkernd auf die Schaufel nimmt.

Heute wohnen Sie mit Ihrer Tochter Lilly in Leibnitz. Verraten Sie Ihr Lieblingsplatzerl?
Die Kreuzkogelwarte und alle Orte, an denen die Energie zwischen Genuss, Mensch und Platz ein gutes Bauchgefühl hinterlässt. ■

Vom Parfum zum Stallduft

POSCH HENDL

Triftweg 7
8451 Heimschuh
T: 03452 831 74
W: www.posch-hendl.at

Die Landwirtschaft der Familie Posch wurde seit Generationen weitergegeben und im Laufe der Jahrzehnte immer weiter vergrößert. Beeindruckende vierzig Jahre lang wurde der Betrieb von Fritz und Aloisia Posch geführt. Nun kümmern sich Peter und Daniela Posch erfolgreich um den Hendlbetrieb. „Wir arbeiten mit Kräuterauszügen aus Knoblauch, Oregano, Thymian oder Salbei anstatt mit herkömmlichen Antibiotika. Die Tiere wachsen dadurch langsamer, aber als Direktvermarkter können wir uns das leisten“, erklärt die Hausherrin. Als ehemalige Drogistin kennt sie sich mit den alternativen Naturmitteln aus und als Kind einer Fleischerfamilie ist auch die Materie der Tierverarbeitung kein unbekanntes Terrain.

„Wir schlachten drei bis vier Mal pro Woche. Dafür stehen wir um 1 Uhr 30 auf, weil nachts die Tiere ruhiger sind und das Schlachten stressfreier ist.“ Das neutrale Hendlfleisch landet nicht selten am Mittagstisch. „Wir essen es am liebsten gebacken oder als Geschnetzeltes, etwa mit Ananas und Cashewnüssen. Wir sind ein sehr transparenter Betrieb, der in der Region für die Region produziert. Oft vermisse ich allerdings das allgemeine Verständnis für Landwirte“, so Posch.

Das Gute fließt

Alles im Leben wandelt sich. Auch das steirische Kürbiskernöl. Wie wurde es früher produziert und wie wird es heute gemacht, was sind die Besonderheiten und worauf kommt es bei qualitativem Kürbiskernöl wirklich an? In der Ölmühle von Thomas Hartlieb – eigentlich gelernter Holz- und Sägetechniker – kann man wochentags hautnah miterleben, wie aus den Kürbiskernen das wertvolle Kürbiskernöl gepresst wird. Im angeschlossenen Mühlenladen wählt man aus selbsterzeugten Öl-Spezialitäten sowie verschiedenen Knabberkernen, Essigen und anderen ausgesuchten Produkten aus dem Naturpark Südsteirisches Weinland.

Seit 1907 ist das Örtchen Heimschuh nun schon Heimat traditioneller Ölproduktion. Der klassischen Stempelpresse und dem Verarbeiten fast vergessener Ölsaaten bleibt Thomas Hartlieb auch in vierter Generation treu. Er folgt seinem inneren Geschmack und ja, der ist logischerweise subjektiv. Aber darum geht es schließlich bei Identität. Geschmack ist und bleibt nicht verhandelbar. Weder beim Endiviensalat mit Kernöl und warmen Erdäpfeln noch bei einer Apfeltarte mit Kernöleis und Krokant.

Tipp: Im Mühlenladen Kressesamen-, Erdmandel- und Schwarzkümmelöl als gehaltvolle Souvenirs einpacken!

KLEINER CAFÉ 

8452 Grossklein 120
T: 0664 462 45 62
W: www.kleiner-cafe.at

ÖLMÜHLE HARTLIEB 

Mühlweg 1
8451 Heimschuh
T: 03452 825 51-0
W: www.hartlieb.at

Verschnaufpause in der Ernte-Stub'n

BIOHOF ADAM

Oberfahrenbach 44
8452 Großklein
T: 03454 401
W: www.biohofadam.jimdo.com

Direkt unter dem Gipfel des Kreuzbergs liegt mitten in den steilen Hügeln des südsteirischen Weinlandes auf 600 Meter Seehöhe der Biobauernhof Adam. Ein Kneipp- und Geburtstagsbaumpfad führt als Rundweg in ca. 1,3 km Länge quer durch Wälder und Wiesen, vorbei an den üppigen Feldern und kokettierenden Weingärten des Biohofs. Im September und Oktober öffnet die Familie hier wochenends eine kleine Buschenschank und für Wanderer steht die „Ernte-Stub'n" des Hofs zur Rast bereit. Weine, Fruchtsäfte, Liköre, Edelbrände, Essig, Getreide, Flocken, Mehl, saisonal Erdäpfel, Obst und Gemüse, Kürbiskernöl, Kräuterauszüge sowie Hausmittel, Eingelegtes, Teemischungen, Marmeladen, Honig und Propolis (auch zum Mitnehmen) stärken müde Füße und füllen leere Mägen. Zwei Mal im Monat wird Bio-Rindfleisch ab Hof verkauft. Manchmal erwischt man auch selbstgebackenes Nuss- und Mohngebäck und der Herbst hält unter der Laube ofenheiße Kastanien parat.

Urige Natürlichkeit bestimmt auch das Adam-Ferienhaus, das großteils mit natürlichen Baumaterialien wie Lehmputz, Holz und Hanf- bzw. Schafwollisolierung gebaut wurde. ■

WEIN-KULTUR-GARTEN 

Eichberg-Trautenburg 39
8463 Leutschach
T: 03454 439
W: www.kollerhof.com
Entdecken Sie den Weintraubenkostpfad (Anmeldungen erforderlich)

Die Wurze des Lebens

Was Robert Pilch in Großklein macht, ist eine scharfe Sache. Schließlich ist die Krenwurze in der österreichischen Seele tief verankert. Frisch gerieben treibt er uns Tränen in die Augen, im Zuge einer geselchten Jause ist er gesunder Diener. „Ein Sprichwort besagt, dass der Kren seinen Herrn jeden Tag sehen möchte", schildert Pilch den arbeitsintensiven Anbau des Krens. Auf einem Hektar bringt der Bauer 30 000 Pflanzen aus. In der Eigenvermehrung der Wurze steckt jede Menge Handarbeit. „Das Feld muss das ganze Jahr über möglichst unkrautfrei gehalten werden, damit dem Kren keine wichtigen Nährstoffe entzogen werden", erklärt der Speditionsfahrer. Wenn er die Setzlinge ausbringt, sind sie 30 Zentimeter lang und etwa so breit wie sein kleiner Finger. Ausgewachsen wiegt eine schöne Wurze 400 bis 500 Gramm.

„Den Hauptteil der Ernte verkaufe ich an die umliegenden Buschenschänken im Glas oder als ganze Wurze. Der Rest geht ab Hof weg", so Pilch. Selbst nascht er den Kren am liebsten direkt mit den Fingern aus dem Glas. „Kann gut sein, dass sich ein warmes Hauswürstel oder eine Bratwurst dazugesellt", gibt er schmunzelnd zu.

ROBERT PILCH

Nestelberg 59
8452 Großklein
T: 0676 342 69 20

WIRTSHAUS STEIRERKELLER

Großklein 23
8452 Großklein
T: 03456 2321
W: www.steirerkeller.ist-cool.at
Eines der ältesten Wirtshäuser im Ort

Passioniert am Holzweg

TISCHLEREI JOHANN GOLLOB

Großklein 110
8452 Großklein
T: 03456 221 61
W: www.naturparktischler.at

Nahezu alle Geschichten, die Johann Gollob auf seinem Weg begleiten, beginnen mit einem Baumstamm. Tanne, Eiche, Zirbe, Kirsche, Birne, Apfel. Auf der Hobelbank liebäugelt der Naturparktischler besonders gerne mit der Kastanie, „weil mich ihre goldbraune Farbe im frischen Zustand fasziniert". 500 Quadratmeter groß ist der Kubus, in dem Gollob gemeinsam mit seiner Frau Silvia, der Nichte seines einstigen Lehrmeisters, umgeben von der Weite der Felder Großkleins werkt. Sohn Emanuel, der 2017 an der Planung des Österreich-Pavillons bei der EXPO in Kasachstan beteiligt war, unterstützt als Industriedesigner temporär den elterlichen Betrieb. „Wer auf einem warmen, unlackierten Holzboden barfuß läuft, versteht vielleicht, warum ich Holz so sehr liebe", versucht sich Gollob senior in einer Erklärung für seine Passion.

Das Masterpiece der Familie ist bislang der Tisch „Pantera", ein dynamischer Massivholztisch, getragen von der steirischen Geschichte. „Seit jeher ist der Steirische Panther ein wesentlicher Bestandteil unseres Landeswappens. Bei der Kreation der eleganten Tischbeine habe ich mich von der Anatomie des Panthers inspirieren lassen. Der Tisch vermittelt in seiner Gesamtheit den Bezug zur Vergangenheit und gleichzeitig den zielstrebigen Schritt in die Zukunft", erklärt der passionierte Hobby-Regattasegler. ■

SCHNEIDERANNERL

Sausal 27
8443 Gleinstätten
T: 03457 2581
W: www.schneiderannerl.at
Gollobs Lieblingssegelkumpane

Umarmungen im Häferl

Zu Hause ist dort, wo es guten Kaffee gibt. Aber in Kathinkas Café, direkt am R1-Radweg gelegen, sind nicht nur die köstlichen Bohnen des Rösthauses Rauwolf für die gemütliche Wohnzimmeratmosphäre verantwortlich. Kathi Zirngast und ihr Mann Zacharias haben mit viel Liebe zum Detail und einer Leidenschaft für Vintage-Akzente ein heimeliges Kaffeehaus mit zusammengewürfelten Tischen, Armchairs und Sofas installiert. Bei gedecktem Apfelkuchen und spannenden Teekreationen von Kürbis-Sanddorn bis Feige-Basilikum können Einheimische und Radtouristen ihre Seele baumeln lassen. Highlights sind der Frühstücksburger und ein individuell gedeckter Frühstückstisch mit Schinken, Käse, Aufstrich, Müsli, Ei-Gericht, Obst, Prosecco, Heißgetränk und Brotsackerl. Trauben- und Apfelsaft mit Bio-Siegel kommen aus dem eigenen Anbau, die Kuchenrezepte von Kathis Großmutter. „Neben Lesungen, Jazzabenden und Fotoausstellungen feiern wir hier auch jährlich den Wiener Opernball in kleinem Rahmen – ganz klassisch mit Red Carpet, Abendrobe, Frankfurtern und Erdbeeren im Schoko-Frack", lacht das Ehepaar.

Tipp: Wer auf den Spuren der Kelten wandern will, nächtigt im revitalisierten und behaglichen Kellerstöckl der Familie Zirngast am archäologischen Wanderweg unterhalb des Burgstallkogels. ■

KATHINKAS CAFÉ

Wippelsach 24
8441 Fresing
T: 0664 544 42 14
W: www.kathinkas.at

FERIENHAUS AM KELTENKOGEL 

Burgstall 10
8452 Großklein
T: 0664 544 42 14
W: www.casakathinka.at
Schlafen im Kellerstöckl

VINTAGE STORE SHABBY CHIC & MORE 

Obere Fahrenbachstraße 47
8451 Heimschuh
Noch mehr Vintage
Tipp: Einfach vorbeischauen

Genuss-Kathedrale

WINZERHAUS WEINGUT WUTTE

Fresing 34
8441 Fresing
T: 0664 182 20 27
W: www.weingut-wutte.at

Mit seinem markanten Steildach ist der Heurige Wutte fast schon zum Wahrzeichen für Kitzeck geworden. Bei Eva und Mario Wutte trifft Tradition auf Architekturschaustück. Die komplette Verglasung der Front und die außergewöhnliche Ziegelfassade vom Giebel bis zum Boden liefern schon von außen einen Einblick mit Tiefe. In der Stube angekommen, verbinden sich auch hier Gestern und Heute. Historische Familienfotos reihen sich zwischen Pressspan, frischem Lärchenholz, Tischen voll Verhackerts und saurem Rindfleisch.

Unbedingt probieren: die Hausselchwürstel und für den süßen Hunger a „g'scheits Bogal", sprich eine Kardinalschnitte. Außerdem servieren die Wuttes auch warme Speisen wie Ripperl, Brüstl und Bauerntoast. Eine Spezialität des Hauses ist wohl der „Bärli", ein Sämling-Frizzante mit Pfirsichnektar. Wer es lieber klassisch mag, setzt auf Wuttes Muskateller-Sekt mit Holunderblüten-Aromen, schöner Kräuternote und fruchtsüßer Dosage.

Trauben hängen nie zu hoch

VINOBLE COSMETICS MANUFAKTUR

Fresing 17a
8441 Fresing
T: 03456 500 10
W: www.vinoble-cosmetics.at

VINOBLE DAY-SPA

Grazerstraße 125
8430 Leibnitz
T: 03452 842 11
W: www.vinoble-cosmetics.at

2005 hat Luise Köfer ihre eigene Spa-Kosmetiklinie ins Leben gerufen. Dabei setzt sie auf die Wirkstoffe der Traube. Was ursprünglich nur als Marke für ihr eigenes Beauty- und Vitalhaus gedacht war, hat sich über die Jahre als Marke für Hotels auf der ganzen Welt etabliert. Sogar auf den luxuriösen Kreuzfahrtschiffen von Hapag-Lloyd schmiert und klopft man Vinoble-Produkte auf Gesicht und Körper. Mittlerweile drehen auch Sohn Peter und seine Frau Sabrina an den Schrauben des Betriebs.

„Die Traube ist der Ursprung unserer Produkte. Nahezu keine andere Frucht hat so viele wertvolle Inhaltsstoffe. Bei Vinoble wird jeder einzelne verarbeitet. Und so steht die Traube auch als das Symbol für Nachhaltigkeit", erklärt das Familientrio. Man ist überzeugt: Die richtige Pflege frage nicht nach dem Geschlecht. Deshalb produziert man in der Manufaktur ausschließlich Unisex-Produkte. Bislang einzigartig in der Südsteiermark ist das Behandlungskonzept in Köflers Day-Spa in Leibnitz: „Der Fokus liegt auf der gebuchten Zeit. Das heißt, gebucht wird nur ein Zeitrahmen. Das gibt dem Gast die Freiheit, sein persönliches Vinoble-Spa-Erlebnis, das für diesen Moment seinen Wünschen und Bedürfnissen entspricht, zu kreieren."

Reich im Verzicht

Seine Weingärten sind Biotope pflanzlicher und tierischer Vielfalt und in seinen Demeter-zertifizierten, veganen Weinen befinden sich nur Trauben, sonst nichts. „Wir produzieren ohne Zugabe von Schwefel sulfitfrei, unfiltriert und reifen im Keller ohne Zuhilfenahme jeglicher Behandlungsmittel", manifestiert Karl Schnabel. Der drahtige Winzer mit herrlich normfreien Ecken und Kanten folgt mit seiner Frau Eva und drei Söhnen auf seinem Ermihof, der einst elterliche Gaststätte war, biologisch-dynamischen Prinzipien. Schnabel ist ein Naturwinzer, der global denkend im Kleinen wirkt und dabei Großes für die Umwelt bewirkt: „Ich sehe keine Notwendigkeit, der Natur zu schaden. Es wäre ja irre, wenn ich meine eigene Werkstatt zerstören würde."

Die Schnabels sind seit über zwei Jahrzehnten über Weinbau und Rinderhaltung der Erde verbunden.

„Wir erkennen in unserem jetzigen Tun und Schaffen immer wieder das innere Programm echter Bauern und sind keinem zeitgeistigen Trend, sondern unserer Erde, dem Wein als Kulturgut und dem Nahrung suchenden Konsumenten im Sinne von Erzeugen einwandfreier, rückstandsloser, bekömmlicher Produkte verpflichtet", konstatiert die Familie.

WEINGUT KARL SCHNABEL

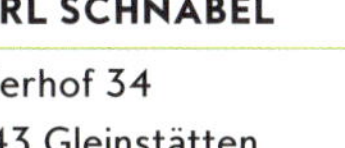

Maierhof 34
8443 Gleinstätten
T: 03457 3643 oder
0676 696 15 08
W: www.karl-schnabel.at

WEINGUT MICHI LORENZ

Einöd 8
8442 Kitzeck
T: 03456 2311
W: www.michilorenz.at
Naheliegendes Vinophiles

WEIN VON PLODER – ROSENBERG

Unterrosenberg 86
8093 St. Peter am Ottersbach
T: 03477 3234
W: www.ploder-rosenberg.at
Schnabels Ausflug ins Vulkanland zu Gleichgesinnten

Aromatisches Domizil

FERIEN-CHALET LIEBSTÖCKL

Sausal 252
8443 Pistorf
T: 0664 215 50 44
W: www.liebstoeckl.com

Alles, was man zum Nichtstun benötigt, ist im Ferien-Chalet Liebstöckl schon da. Dass es hier statt nach dem namensgebenden „Maggikraut" viel eher nach Sauvignon-Blanc-Trauben duftet, tut nichts zur Sache. Die vollausgestattete Küche mit Induktions-Kochfeld, Backofen mit Wärmelade, Geschirrspüler, Kaffeemaschine, sämtlichem Kochzubehör, stilvollem Porzellan und edlen Gläsern kann sich sehen lassen. Das Standardrepertoire an Lebensmitteln von Essig bis Nudeln steht ebenfalls im Schrank – nur kochen muss man selbst, bevor man sich vor dem offenen Kamin den Bauch streichelt.

Das schicke Chalet, das zu den exklusiven „Pures Leben"-Häusern von Familie Silly (→ siehe Seite 42) zählt, bietet Platz für zwei bis sechs Personen auf zwei Etagen. Das großzügige Schlafzimmer aus Zirbenholz holt Stressgeplagte im Nu runter. Spätestens in der Wasserfall-Dusche und im eleganten Fernsehzimmer verpuffen die Gedanken an lästige Montage. Im Außenbereich locken Panoramapool, Saunahäuschen und zwei Terrassen und unterstreichen die Frage aller Fragen: „Wann können wir hier einziehen?".

BUSCHENSCHANK SCHILCHER VULGO WÖLFL 

Oberfahrenbach 49
8452 Großklein
T: 03456 2629
W: www.schilcher-woelfl.at
Urige Einkehr mit himmlischen Forellen (auf Vorbestellung)

Gehörnte Hände

Hirschrohschinken mit grob geriebenem Asmonte und schwarzen Kirschen, Osso Collo, eine gesunde, saure Schüssel mit Schafskäse und Käferbohnen oder Forellenmousse (auf Anfrage) mit Kürbiskernen, Wasabi, geschmorte Tomaten, Kürbis-Curry-Creme und Feigen gefällig? Wer Lust auf eine Einkehr ohne Lederhosenschmäh, dafür mit echter Tattoo- und Rock 'n' Roll-Würze hat, ist in der Edelbuschenschank bei Beate und Reinmund Reiterer goldrichtig. „Vielleicht ist es das Privileg, in dieser Landschaft leben zu dürfen, das uns den Kontakt zu den Menschen erleichtert", sinnieren die lässigen Wirtsleute des Weinguts, das als wohl einzige Labstation rund um Kitzeck mit einer eigenen Zigarrenlounge aufwarten kann.

Nach dem Essen ist vor dem Niederlegen? Acht Jahre lang haben die Eltern dreier Söhne ihre drei großzügigen Gästezimmer sorgfältig geplant. Man träumt umgeben von gemütlichem Nussholz, stylischen Bädern und selbstdesignter Kunst an den Wänden. Jedes Zimmer verfügt außerdem über eine Gitarre und manchmal greift der Hausherr im Gastraum auch selbst zur Klampfe. Prädikat: Unvergleichbar. ■

WEINGUT REITERER 

Einöd 10
8442 Kitzeck
T: 03456 2537 oder
0664 307 27 11
W: www.kitzecker-reiterer.at

RESTAURANT „ZUR HUBE" 

Sausal 51
8443 Pistorf
T: 0664 221 12 42
W: www.zurhube.at
Gastgeberin Gingi Peez-Petz kocht ausschließlich auf Vorbestellung

Wo Buchteln noch Wuchteln sind

KITZECKMÜLLER 

Steinriegel 9–10
8442 Kitzeck
T: 03456 2302
W: www.kitzeckmueller.at

Ursteirisch. Das beschreibt die Buschenschank Kitzeckmüller und das dazugehörige Original, Betreiber Franz Temmel, wohl am treffendsten. Die wohlgenährte Leibesmitte eines Wirtes verspricht nicht immer automatisch wahrhaftigen Genuss, aber Franz tischt in seinem Familienbetrieb so viel Ehrliches auf – da kann das Bauchgefühl nur stimmen. Dem selbstgebackenen Hausbrot liegt das Familienrezept seiner Urgroßmutter zugrunde und die Buchteln, die hier aufgrund ihrer Größe und ihres Geschmacks auf der Speisekarte wahrlich den Beinamen „Wuchteln" verdient haben, gehen auf die Zutatenliste der Frau Mama zurück. Noch mehr G'schmackiges zum Seelestreicheln liefert die Brettljause mit Geselchtem von Karl Woaka und Christa Posch aus Heimschuh bzw. Fleischveredelungsmeister Reinhold Prattes aus Wettmannstätten. Franz liebt außerdem nach eigenen Angaben Schimmelkäse und den Schafsfrischkäse von Peter Draxler aus Gamlitz (→ siehe Seite 72).

Die urige Stube mit Altholzbalken und -bänken hat der Hausherr selbst renoviert, denn „meine Weinzerlkeischn besteht ja schon seit 1545". Zwar haben Winzer heutzutage außer dem Wein wohl kaum mehr etwas mit den „Weinzerln" gemein, dem Kitzeckmüller, selbst Weinbauer, steht jene urig-romantische Bezeichnung aber außerordentlich gut. ■

Simsalagin

Gin herzustellen ist im Grunde einfach: Man nimmt einen neutralen Industrie-Alkohol und aromatisiert ihn mit Wacholderbeeren und beliebigen Geschmacksträgern, den sogenannten Botanicals. Dann verdünnt man das Ganze mit Wasser und destilliert aufs Neue. Simsalagin. Aber so wie Mineralwasser nicht gleich Mineralwasser ist, ist auch Gin nicht gleich Gin. „Ich mag gern die klassischen Gins mit viel Wacholder, die nicht so schmecken, als wäre das Tonic schon drinnen", zementiert Hansi Schneeberger, Sohn des bekannten Winzers Johann Schneeberger.

Sensorisch von Kindesbeinen an geschult, fängt der tätowierte Hansi einfach die Aromen des Landstrichs ein, der ihn beheimatet. Sein Dry Gin reift für 18 Monate in sorgfältig ausgewählten Eichenfässern aus französischer Produktion. Dadurch bilden sich neue Aromen wie Vanille, ein wenig Karamell und Bratapfel. Das kommt daher, dass die Fässer beim Schneeberger zuerst für den Apfelbrand eingesetzt wurden. Verknüpft man Hansis Herkunft mit seinem Destillat, rückt die Essenz aus Luft, Bäumen und Wasser Kitzecks in den Blickpunkt und wenn man die Augen schließt, erkennt der Gaumen neben getrockneten Heidelbeeren und Sternanis auch einen Hauch Lavendel, der bei den Schneebergers direkt vor der Tür wachst.

SCHNEEBERGER DESTILLATE 

Pernitschstraße 31
8451 Heimschuh
T: 03452 839 34
W: www.schneeberger-destillate.at

Wo Luxus zu Hause ist

GOLDEN HILL COUNTRY CHALETS & SUITES

Steinfuchsweg 2 (Waldschach)
8505 St. Nikolai im Sausal
T: 0650 350 59 36
W: www.golden-hill.at

Wir leben in einer Welt der Polarität und erleben aktuell eine Bewusstseins-Renaissance, einen Paradigmenwechsel. Werte und Lebenseinstellungen der Menschen haben sich in den letzten Jahren verändert. Die einzige Konstante ist diese Veränderung“, stellen Barbara und Andreas Reinisch als Betreiber der „Golden Hill Country Chalets & Suites“ an den Anfang. Ihr Luxusrefugium im Sausal besteht seit 2015 und stellt Landlust gepaart mit internationalem Lifestyle ins Schaufenster. Erlebnisarchitektur und facettenreiches Interieur, das irgendwo zwischen urigem Bauernhaus und urbanem Resort angesiedelt ist, prägen das an einem idyllischen Wald gelegene Areal. Outdoor warten ein 600 Quadratmeter großer Naturschwimmteich, Sauna- und Fitness-Kubus, Kuschel- und Energieplätze, romantische Feuerstellen und eine Champagner-Lounge. Pferdeliebhaber bringen mal so eben ihre eigenen Einhufer mit und schauen ihnen vom Chalet aus beim Grasen zu.

Wo Luxus draufsteht, sind in diesem Fall außerdem auch eine Hubschrauber-Landemöglichkeit, Tesla-Ladestationen, eine BMW-Wallbox und Private Dining, zubereitet von der Hausherrin, enthalten. Eine schillernde Adresse für jene, die sich gerne rundum verwöhnen lassen. ■

Idyllisches Kleinod

MITTEREGGER STUB'N

Mitteregg 23
8505 St. Nikolai im Sausal
T: 0664 462 92 70
W: www.mitteregger-stubn.com

Wenn Zurückhaltung eine Tugend ist, hat sie Margarete Brettenklieber wohl für sich gepachtet. 30 Jahre stand ihr 250 Jahre altes Elternhaus leer, bevor die Kitzeckerin daraus ein hinreißendes Kaffeehaus schuf. „Es war eine spontane Idee von mir, mehr kann ich dazu nicht sagen", protokolliert sie wortkarg. Aber vielleicht geht es in der Mitteregger Stub'n nahe der Buschenschank Pichler-Schober ohnehin mehr ums Spüren, ums Schauen und ums Schmecken. An Wochentagen hat Brettenklieber hier nämlich auch ihr Massageinstitut geöffnet. Freitag bis Sonntag kehrt dann fern des Kommerzes alles ein, was Abwechslung zu Wein und Brettljause sucht.

Die Landhaus-Deko, die auch zum Verkauf steht, trägt Brettenklieber selbst auf Flohmärkten zusammen. Beim Blick in die Vitrine hinter der Schank stellt sich offensichtlich die Frage: Gibt es in diesem Landstrich überhaupt ein Obst, das nicht gut mit Butter, Zucker und Mehl kann? Ganz abgesehen vom Verkaufsschlager Kardinalschnitte, dem Apfel-Zimt-Kuchen und der leicht-besäuselnden Rumschnitte. Zum Abschluss noch ein Flamberger Bier. Hier sind Bauchgefühle zu Hause.

WEINGUT PICHLER-SCHOBER

Mitteregg 26
8505 St. Nikolai im Sausal
T: 03456 3471
W: www.pichler-schober.at
Genug Süßes? Hier gibt's reichlich Pikantes gleich ums Eck

Wo die Vielfalt zu Hause ist

Der Mensch will zur Natur zurück, fährt aber mit einem SUV durchs Wohngebiet. Ein klarer Widerspruch. Scott und Ulli Klein fanden zwischen Landflucht und Landsehnsucht ihren ganz eigenen Ausgleich auf ihrer KLEINenFARM im Sausal. „Mitte 20 führte mich meine Dissertation nach Amerika. Es ging um Recherchen zum Thema Saatgut-Recht. Dort traf ich Scott, der als Soziologe jungen Menschen die Schätze des Gartens näherbrachte, und verliebte mich", schwelgt die ehemalige Juristin in Erinnerungen. Es folgten 12 Jahre als Hofarbeiter in Nordkalifornien und eine Hochzeit. Nun schupft man in Ullis Heimat seit geraumer Zeit gemeinsam in Gummistiefeln einen achtsamen Biohof. Die Brokkoli sind hier dunkelgrün und klein, das Kraut ist nur halb so groß wie die genormte EU-Ware und die Stiele des Mangolds offenbaren Regenbogenfarben. „Wir erhalten und kultivieren über 400 alte und samenfeste Sorten. Das Schließen von Kreisläufen und das Gestalten eines vielfältigen Hoforganismus ist ein zentrales Motiv für unsere Landwirtschaft", erklärt die Familie.

Die Farm versteht sich als gemeinschaftsgetragen. „Unsere Ernte wird wöchentlich an die rund 100 Haushalte unserer Hofgemeinschaft verteilt. Außerdem liefern wir einen riesengroßen Restaurantanteil an unseren Nachbarn am Hügel, das Weingartenhotel Harkamp (→ siehe Seite 150)". ■

KLEINEFARM

Flamberg 32
8505 St. Nikolai im Sausal
W: www.kleinefarm.org

Zeitkapsel

WEINGARTENHOTEL HARKAMP 

Flamberg 46
8505 St. Nikolai im Sausal
T: 03185 2280
W: www.harkamp.at

VERKOSTUNGEN DER HARKAMPS 

Seggauberg 75
8430 Leibnitz
T: 03452 764 20
W: www.harkamp.at

Am Flamberg spielt Zeit keine Rolle. „Wenn Gäste ausschlafen wollen, dann servieren wir das Frühstück auf der Terrasse, unterm Nussbaum oder direkt ans Bett. Auch nachmittags", offeriert Hotelier Heinz Harkamp. Gekocht wird authentisch-regional: Hannes liebkost das vibrierende Vinophile; Heinz ist für Kulinarisches mit internationalen Einflüssen zuständig. Heinz kommt locker ohne überkreative Aromenverwirrungen aus. Besonderes Talent besitzt Winzerbruder Hannes für das Versekten, das in der Villa Hollerbrand in Leibnitz stattfindet. Das bezeugen nicht nur hohe Bewertungen und Prämierungen der Sekte, die ausschließlich nach der hochwertigen traditionellen Flaschengärmethode hergestellt werden, sondern auch zahlreiche namhafte Winzer, die ihre Grundweine im Hause Harkamp versekten lassen. Wem der Sprudel zu gut schmeckt, taucht nächtens in eine der Weingartensuiten ab: 60 Quadratmeter Rückzugsrefugium samt Badewanne am Balkon!

Tipp: Die Harkamps vermieten auch ein romantisches Hideaway mit privatem Badesteg und Boxspring-Bett am Waldschachersee. Ideal für zwei, um den Alltag für ein paar Tage auszuknipsen. ■

HARKAMP

Neuinterpretation

WEINGUT UND BUSCHENSCHANK KÅARRIEGEL 

Rettenberg 97
8444 St. Andrä-Höch
T: 0664 253 20 20 (Weingut)
bzw. 0664 884 271 49
(Buschenschank)
W: www.kaarriegel.at

Ein schnelles Achterl? Nicht hier. Am Kåarriegel entstehen im wahrsten Sinn des Wortes langsame Weine. Keine Reinzuchthefe, keine Schönung, keine Aufbesserung. Die biologische Bewirtschaftung des Weingartens seit 2015 sowie Leidenschaft, Gefühl, Tradition, Witterung und Boden geben am Weg in die Flasche den Ton an. Verantwortlich dafür zeigen sich Christof und Stefan Heissenberger, die in Graz die viel gerühmte Traditionsbrötchenbar „Frankowitsch" führen. Zum touristischen High Noon schlagen sie je nach Möglichkeit am Demmerkogel ihre Zelte auf und kredenzen in ihrer Pop-up-Buschenschank mit einem überlegten und überlegenen Kulinarikangebot abseits inflationärer Jausenbrettln von vegetarisch bis fleischig.

Bei der Gestaltung des Weinguts hatte Künstler Johannes Lernpeiss seine Finger im Spiel. Mit wenigen Ressourcen, aber umso mehr Kreativität schmiegen sich helle Räume und ein gemütlicher Außenbereich aneinander. Prädikat: Geheimtipp. ■

Hier hält sich Heribert Kasper gerne auf:

HASENWIRT

Seggauberg 27
8430 Leibnitz
T: 03452 730 55
W: www.hasenwirt.com

CAFÉ KONDITOREI ROSEGGER

Hauptplatz 16
8430 Leibnitz
T: 03452 714 40
W: www.cafe-rosegger.at

Heribert Kasper

Mister Ferrari, Sportwagen-Zampano
W: www.kasperteam.at

Inwiefern hat Ihr Heimatlandstrich Südsteiermark Ihren Lebensweg geprägt?
Obwohl ich jetzt schon seit 30 Jahren in Wien lebe, werde ich immer Südsteirer bleiben. Ich komme alle sechs Wochen an den Wochenenden her. Wenn ich an meine Heimat denke, kommt mir als Erstes der Leibnitzer Hauptplatz in den Sinn. Dort bin ich aufgewachsen und bis heute als „Heri" bekannt. Das genieße ich sehr.

Einer Ihrer Lieblingsorte der Region?
Eine Wohlfühloase ist für mich zum Beispiel das Loisium in Ehrenhausen (→ siehe Seite 31). Das Hotel ist gleichzeitig ein idealer Ausgangspunkt für wunderschöne Ferrari-Ausfahrten auf der berühmten Südsteirischen Weinstraße.

Was macht die Südsteirer einzigartig?
Sie besitzen eine besondere charmante und humorvolle Ausstrahlung, gepaart mit dem richtigen Stolz, der durch ihre Herzlichkeit total sympathisch ankommt.

Das kleine Paradies

STIERBAUERHOF 

Neudorf 22
8521 St. Andrä-Höch
T: 0660 451 30 54
W: www.stierbauerhof.at

Das Leben braucht nun mal Orte, an denen man einfach nur sein kann. Am Stierbauerhof bei Gudrun Inreiter und Helga Steinbauer kann man für Stunden, oder auch Tage, Yoga machen und meditieren, tanzen und trommeln, singen oder schweigen. Vielleicht sitzen Sie auch einfach nur auf dem Bankerl vor der Haustür mit der Sonne im Gesicht oder liegen mit ruhenden Augen im Streuobstgarten. Yogalehrerin Gudrun träumte in Salzburg von einem eigenen Studio und Touristikkauffrau und Lebensraum-Beraterin Helga sah sich nach anstrengenden Jahren im Management gedanklich als Betreiberin einer kleinen Pension. Der Wunsch nach Veränderung ließ ihre Freundschaft wachsen und die Suche nach einem geeigneten Platz, um ihre Lebensträume zu erfüllen, begann.

Fündig wurde man im Sausal, wo heute mitunter Männeryoga und hawaiianische Massagen im Jurte-Zelt ihren Raum haben. „Unser Stierbauerhof hieß schon immer Stierbauerhof. Wir wollten nichts daran ändern und so sind wir die Stierbäuerinnen, obwohl wir niemals Rinder auf dem Hof halten werden", so das Duo amüsiert. Genächtigt wird im „Kuastall" (bis zu fünf Personen), im Zweibett-„Austrogszimmerl" oder bei Einzelbezug im „Wagennest". Das Frühstück kommt mit Produkten aus der Gegend und aus eigenem Anbau aus. Mittag- und Abendessen (meist vegetarisch) findet für Gruppen auf Anfrage statt. Der Stierbauerhof kann auch für Veranstaltungen, Workshops oder Retreats exklusiv gemietet werden.

STEIRERLAND 

Sausal 10
8444 St. Andrä-Höch
T: 03456 2328
W: www.steirerland.co.at
Empfehlung der Stierbäuerinnen
Ein Erste-Reihe-fußfrei-Ausblick auf das Sausal

Heiliger Strohsack

PILZFACTORY

8444 St. Andrä-Höch 40
bzw. 88
T: 0664 404 17 54
W: www.pilzfactory.at

Wenn die Köpfchen das Licht der Welt erblicken, strahlt Matea Jelavic. Die Landwirtin ist biologisch zertifizierte Pilzzüchterin und betreibt gemeinsam mit ihrem Lebensgefährten Klaus Grübler im Sausal die „Pilzfactory". Klaus produziert das Substrat dafür, Matea verkauft die auf knapp 130 Quadratmetern keimenden Austernpilze, Rosen-, Limonen-, Kräuterseitlinge, Buchenraslinge und Milky Mushrooms an Bauernläden, Spitzengastronomen und an ausgewählte Billa- und Merkurfilialen. „Im Keller der Eltern haben wir angefangen zu züchten – heute wären wir in der Lage, bis zu eine Tonne Pilze pro Monat zu stemmen", freut sich Grübler.

Die Basis des Substrats, auf dem die Pilze wachsen, besteht aus österreichischem Bio-Stroh, das gemahlen und durch Erhitzen sterilisiert wird. „Anschließend füllen wir es in Säcke und versehen diese mit der Pilzbrut, die wir ebenfalls selbst ansetzen", erklärt Grübler, der ursprünglich aus dem Kfz-Bereich kommt. Danach ziehen drei Wochen ins Land, bevor die Schwämme brauchbar sind. Das Substrat ist auch für Privatpersonen im Sack oder Eimer ab 12,90 Euro online erhältlich.

Was macht eigentlich einen guten Pilz aus? „In der ‚Pilzfactory' wachsen die Pilze langsam bei etwa 12° Celsius, idealer Luftfeuchtigkeit und optimalen CO_2-Werten. Sie haben einen kurzen Stiel und bewahren beim Kochen ihr festes Fruchtfleisch", skizziert Jelavic. Einer ihrer Lieblingspilze ist übrigens der Affenkopfpilz, der ein wenig an eine Löwenmähne erinnert und den sie nur in Kleinstmengen für den Privatgebrauch produziert: „Ein besonders nussiger Pilz, der aufgeschnitten aussieht wie ein Filetstück", schwärmt die Leibnitzerin. ■

Unfiltrierte Lebendigkeit

BIOWEINGUT WARGA-HACK

Höch 60
8441 St. Andrä-Höch
T: 0664 921 69 56
W: www.warga-hack.at

„Weingärten sind Lebensräume für unendlich viel Natur und ein Abenteuerspielplatz für unsere Kinder", tönen Jasmin und Rainer Hack auf der bis zu 350 Millionen Jahre alten, blauschwarzen Schieferlage zwischen Rebstöcken, summenden Bienen und nistenden Vögeln. Die herrliche Aussicht auf das Sausaler Hügelland begeistert nicht nur die Winzerfamilie.

Seit 2004 bewirtschaften sie den Weingarten auf der Wilhelmshöhe ökologisch, seit 2017 ist man Mitglied des Demeter-Verbandes. Für Rainer Hack war der Schritt in die weingartenintensive und aufwendige biodynamische Arbeitsweise der einzig richtige: „Wir sind in der glücklichen Lage, in unserem intakten Biotop auch Wein ernten zu dürfen." Neben der Wilhelmshöhe bespielen die Hacks die Lagen Pistor, Trebien und Römerstraße. Letztere ist eine ganz besondere Riede, die durch eine Straße zweigeteilt ist. Unterhalb der Straße hat sie eine Fall-Linie von bis zu 100 Prozent Neigung und oberhalb der Straße ist sie in Terrassen angelegt. Beide Teile werden ohne Traktoreinsatz ausschließlich in Handarbeit bewirtschaftet. Die perfekte Grundlage für die unfiltrierten, lebendigen Naturweine des Hauses.

BIOPRODUKTE LIENHART

Höch 49
8444 St. Andrä-Höch
T: 03456 274 10
Qualitätsadresse

Wenn der Genuss befiehlt

T.O.M.R

Pfarrhof Sankt Andrä im Sausal 1
8444 Sankt Andrä-Höch
T: 0660 400 87 34
W: www.TomR.at

Tom ist Autodidakt und Tom war beim Militär. Alles schon mehrfach erzählt und gelesen, alles schon sehr lange her. Angesichts ihres Refugiums aus dem 14. Jahrhundert zwischen mutiger Regionalküche, drei Hauben von Gault & Millau, feingliedriger Interieur-Opulenz, sechs exklusiven Gästezimmern samt Pool, einer Viehweide sowie Wein-, Gemüse- und Kräutergarten versteht man sofort, was Tom und Katarina Riederer sich bei ihrer Lebensplanung am Pfarrhof in St. Andrä im Sausal gedacht haben: Hier wollen wir sein, hier wollen wir bleiben.

„Unsere Corporate Identity im ländlichen Gefilde ist Persönlichkeit und pure Lebenslust", meint Riederer, der als zweites Standbein Ferienhäuser im nicht weit entfernten Istrien betreibt. Tom pflegt den Kontakt zu seinen Gästen direkt am Tisch und ob seiner Weinkompetenz, die er mit ungekünstelter Leichtigkeit in kleine Geschichten verpackt, könnte man fast meinen, an ihm sei ein Sommelier verloren gegangen. Wer nicht so gerne abends diniert: Ein (servierter) Sonntagsbrunch im Hause Riederer ist mit Abstand die beste Vorsorge für den ersten Tag der Woche.

Tipp: Unbedingt vorab reservieren.

GERTRUDE STROHMAIER

Fantsch 17
8444 St. Andrä-Höch
T: 0664 431 46 86
W: www.sulmtaler.at
Hier holt Tom die Frühstückseier

Für Gästinnen

WEIBERHOF – FRAUENFERIEN UND FRAUEN-BILDUNGSHOF 

Goldes 49
8452 Großklein
T: 0660 810 55 66
W: www.weiberhof.at

Was macht Frau, wenn Frau Frau sein will? Eine Antwort darauf lautet: Urlaub am Weiberhof. Zumindest, wenn es nach Erika Hütter und Nina Riess geht. „Dieser Hof ist die Fortsetzung unserer Lebensziele", verdeutlicht das Paar aus Wien. Nina wollte schon immer Tiere um sich haben und Erikas favorisierte Destination war ursprünglich ein Rückzugsort in Griechenland. „Wir haben dann doch Oliven- gegen Apfelbäume eingetauscht und leben seit 2006 mit Eseln, Lamas, Schafen, Ziegen, Hendln, unseren beiden Hunden und der Hofkatze Luna Maroni hier am Weiberhof", schildern die Pädagoginnen. Der Weiberhof versteht sich in erster Linie als ein Ort für Frauen, die ihre Ferien im Einklang mit der Natur und unter Frauen verbringen möchten. Angebote wie Bogenschießen, Atelier- und Singwochen sowie kreative Kurzseminare – von Schreiben bis Zubereiten von Heiltinkturen – untermalen für Kleingruppen bis zu acht Personen den Aufenthalt.

„Vieles darf sein", ist das stille Motto am Weiberhof, der Gästinnen – so nennen Hütter und Riess ihre urlaubenden Besucherinnen – eine Ferienwohnung und zwei Zimmer in einem Kellerstöckl bietet. „Uns ist es wichtig, Frauen einen Platz voll Verständnis, Vertrauen und Tiefe zu geben, an dem das Jetzt gespürt werden kann und sich die Frauen auf Dinge vertrauensvoll einlassen können, um vielleicht neue Wege zu sich selbst zu entdecken", so die Betreiberinnen. Im Grunde aber geht es hier einfach ums Frausein. „Der Weiberhof ist keinesfalls perfekt, aber unserer Ansicht nach ein vollkommener Kraftort." Ist das hier etwa Evas Paradies?

WINZERHOF STRABLEGG 

Narrath 10
8452 Großklein
T: 03456 2326 oder 0664 283 71 28
W: www.strablegg.com

WOLLVIELFALT MARIA LIERZER 

Goldes 34
8452 Großklein
T: 03456 2258
W: www.wollvielfalt.at
Sulmtaler Hüte & Filzkurse

Eine Kuscheloase

LANDHAUS STATTIGER

Untergreith 106
8453 St. Johann im Saggautal
T: 0664 361 08 60
W: www.getawayholidays.at

Hier baumelt die Seele und genießt das saisonale Farbenspiel zwischen Wäldern, Wiesen, Äckern und Rebstöcken vor dem Fenster. Drinnen wohnt die Behaglichkeit und das traute Gefühl, woanders zu Hause sein zu können. Die ersten schriftlichen Aufzeichnungen des Landhauses Stattiger gehen zurück ins Jahr 1500. Damals war der Besitzer der Liegenschaft „Hofstattsimerl" ein gewisser Steffel Mullner. Der Vulgoname ist über die Jahrhunderte nur gering verändert worden.

Aber lassen wir das Vergangene sein und frönen lieber dem Sein im Vergangenen – mit Lehm verputzten und mit Hanf gedämmten Innenwänden im Erdgeschoss, einer Stube mit Kachelofen, einem heimeligen Wellnessbereich, einer gemütlichen Galerie im Dachgeschoß, einem Hotpot unter Obstbäumen sowie einem Grill- und Lagerfeuerplatzerl und einem historischen Brotbackofen in der Scheune. Dass das Chalet mit so viel Liebe zum Detail und Respekt vor der Bausubstanz erhalten blieb, ist übrigens auch den Altholz-Meistern Gary Eder und Kurt Hofbauer zu verdanken.

Mitzubringen? Sich selbst. Alles andere, von Geschirr über Föhn bis Bodylotion und Ruhe – finden Sie vor Ort. ■

ALTHOLZ UNIKATE 

Sausal 45
8443 Gleinstätten
T: 0664 972 99 72
W: www.altholz-unikate.com
Wer das Rare liebt

Ein Himmelreich und eine Mühle

Der Graben, der die Himmelreichmühle beherbergt, war einst bekannt für seine zehn Mühlen. Zwei der Gebäudeteile sind teilweise noch fast im Original vorhanden, einen davon hat die gebürtige Wienerin Claudia Fabian in ein detailverliebtes Hideaway verwandelt. Das Ferienidyll erstreckt sich auf 160 Quadratmeter und zwei Etagen mit drei Schlafzimmern und Bädern, einem großzügigen Salon mit Sofalandschaft, Schreibtischecke und gemütlicher Küche. „Die Einrichtungsgegenstände sind zum Teil Erbstücke, zum Teil Ausgesuchtes von Altwarentandlern", skizziert Fabian ihr Kleinod. Wer sich gerne kochenderweise austobt, findet im angrenzenden Garten reichlich Kräuter und angebautes Gemüse. Im Sommer kühlt ein Schwimmbiotop und im Winter sieht man mit einem Schmöker aus der hauseigenen Bibliothek in Händen den Schneeflocken vorm Fenster beim Tanzen zu.

Die Abgeschiedenheit des Ferienhauses muss man mögen oder eben ganz gezielt suchen, denn der Trubel der Stadt findet hier ohnehin keinen Platz. „Ich war im urbanen Umfeld stets eine Fehlbesetzung", gesteht Fabian. „Hier lebe ich am Punkt und wenn ich Lust auf kulturellen Austausch habe, ist die Entfernung nach Graz oder Deutschlandsberg keine große."

KREMSNER MANTRACHMÜHLE

Mantrach 23
8452 Großklein
T: 03456 5092
W: www.oelmuehle-kremsner.com

IMKER JOHANNES WRUSS

Reith 36
8444 Sankt Andrä-Höch
T: 03457 2965

WEINGUT TEMMEL

Sausal 57
8444 Sankt Andrä-Höch
T: 0664 420 96 90
W: www.weinguttemmel.com

FERIENHAUS HIMMELREICHMÜHLE

Rettenberg 92
8444 St. Andrä-Höch
T: 03457 2027
W: www.himmelreichmuehle.at

Ins Netz gegangen

GASTHOF HIASLBAUER

Rettenberg 117
8444 Sankt Andrä-Höch
T: 03457 3614
W: www.hiaslbauer.at

Sie haben sich vor vielen Jahren in Salzburg bei der Saisonarbeit kennengelernt. Das Familienleben mit drei Kindern zog Simone und Karl Lercher-Rinck letztendlich in die Südsteiermark. Gelandet sind sie am Fischteich, im Gasthaus Hiaslbauer, das sie seit den Nullerjahren führen. Wenn draußen der Landregen seine Ausdauer beweist, kann man von der Gaststube aus das ruhige Treiben und die Gelassenheit der Fischer am Hausteich beobachten. Ein inbrünstiges „Petri Heil" ruft die Speisekarte, die mit gebackenen Karpfenstreifen, gemischtem Fischerreindl und gegrillten Edelfischen mit hausgemachter Sauce Tartare durchaus Exotisches beinhaltet. Weil die Schwägerin der Lercher-Rincks Asiatin ist, serviert man neben Flossen-Klassikern auch thailändische Fischsuppe, Curry mit Zander und – Achtung, jetzt kommt's – asiatische Pizza mit Rindfleisch, Paprika, Hoisin- und Sweet-Chili-Sauce. Koch Karl räuchert seine Fische hinterm Haus selbst und kreiert je nach Jahreszeit zusätzlich Gerichte wie Martini-Karpfen im Speckmantel mit Rotkraut und Schupfnudeln oder Heringssalat mit Wachteleiern aus der eigenen Haltung.

Tipp: Wer nach weiteren Möglichkeiten zum Fischen sucht, angelt zum Beispiel am Trifthanslteich in St. Andrä, am Sulmsee, am Nebelteich in St. Johann im Saggautal oder etwas weiter im Westen am Ninausteich in Mönichgleinz. ■

Kaffeepause de luxe

Wer erinnert sich nicht gerne an die Tage zurück, an denen man bei der Oma hibbelig neben der Teigschüssel stand und endlich den Finger in den Kuchenteig tippen oder genüsslich den Küchenpeter ablecken durfte? Eine Erinnerung, die Sehnsüchte nach Zuckersüßem, Traditionellem, Handgemachtem weckt. Eine Erinnerung, die bei Konditormeister Reinhold Kundlatsch täglich in den Ofen und gleich danach über die Verkaufstheke wandert. Bereits seit 1959 besteht das traditionsreiche Familienunternehmen im Ortszentrum von Gleinstätten, in dem der Junior seit 2015 handgeschöpfte Trüffel-Pralinen, Petits Fours, Obers Fours oder die „Mini Mon Amour" in verführerischen Geschmacksrichtungen wie Mocca-Erdbeere, Maroni-Preiselbeere oder Vanille-Karamell kreiert. Auch die 20 verschiedenen Eissorten aus eigener Produktion sind von April bis Oktober ein Hit.

Wenn Reinhold Kundlatschs individuelle Tortenkunstwerke für Hochzeiten, Taufen, Geburtstage und andere Festivitäten ihren Platz an einem Familientisch finden, ist es zu der einstigen Kindheitserinnerung mit dem Finger im Kuchenteig nicht mehr weit hin.

Empfehlungen: Das knusprige Sulmtaler Brot gibt es nur hier. Die hauseigenen Wein-, Zirben- und Kürbisschokoladen sind ein süßes Mitbringsel.

CAFÉ BÄCKEREI KONDITOREI KUNDLATSCH 

Gleinstätten 14
8443 Gleinstätten
T: 03457 4050
W: www.kundlatsch.at

Zartheit am Lande

LILLI BERGER

Sausal 101
8443 Gleinstätten
T: 03456 2992
W: www.lilli-berger-keramik.at

Große Hände, filigrane Dinge. Lilli Berger ist das, was man eine gestandene Frau nennt. Eine Frau mit hellem Gemüt und empathischem Blick. Eine, die mit sich im Reinen ist. In ihrer Porzellanwerkstatt modelliert und punktiert die Autodidaktin Schüsseln, Tassen, Teller, naturnahes Dekor und Schmuck mit unglaublicher Präzision und akribischer Hingabe. „Zum 25. Geburtstag hatte ich meine erste Werkstatt. Damals habe ich noch mit Ton gearbeitet, der viel mehr verzeiht als Porzellan", beschreibt Berger. Mit den Jahren hat sie sich die feinziselierte, japanische Nerikomi-Technik angeeignet, die wunderbare Werkstücke in papierähnlicher Stärke, Zartheit und Transparenz hervorbringt. Sogar Spitzenköche wie Richard Rauch und Norbert Thaller (→ siehe Seite 12) servieren ausgewählte Gerichte in Lilly Bergers Kreationen.

„Ich arbeite in völliger Stille, ohne Musik oder Ähnlichem, und am liebsten dann, wenn alle noch schlafen", gesteht die Keramikerin. „Es gibt nichts Schöneres, als barfuß rauszulaufen, die Erde und das Gras zu spüren und zu wissen, dass sich meine Muse in Form der vier Jahreszeiten unmittelbar vor meiner Tür ergötzt."

BUSCHENSCHANK KARL SACKL VULGO MAURERANNERL 

Sausal 114
8443 Gleinstätten
T: 03457 2526
Labstation in Lillis Nähe

THERESIENKAPELLE 

Theresienkapellen-Weg 16-210
8443 Pistorf
W: www.suedsteiermark.at
Lilli Bergers Lieblingsplatz
Auf einer Hube gelegen offenbart sich die Theresienkapelle mit einem spektakulären 360°-Blick ins Sausaler Weinland. Unter dem Lindenbaum lässt es sich herrlich staunen, rasten und picknicken.

Wenn Möbel erzählen

BIRGIT KUMPUSCH
Gleinstätten 162
8443 Gleinstätten
T: 03457 2700
W: www.kumpusch.at

Möbel erzählen durch die Spuren ihres Alters eine Geschichte. Von den Jahren, die sie auf dem Buckel haben, von der Arbeit der großen Altmeister und von den Erinnerungen, die mit ihnen verbunden sind. Ich sehe es als meine Aufgabe, all das würdevoll in einen neuen Wohnraum zu integrieren." Birgit Kumpuschs Leidenschaft ermöglicht, Bestehendes mit neuen Elementen aufzumöbeln. Die Restaurateurin und Tischlerin lernte ihr Handwerk in Venedig: „Ein Ort, an dem auch der letzte Winkel noch einen echten Kulturschatz verbirgt, den man für sich entdecken kann. Ich durfte dort Objekte restaurieren, die man ansonsten gar nicht erst zu Gesicht bekommt. Ich teilte mir die Werkstätten mit Schmieden, Stuckateuren, Malern, Vergoldern und Steinmetzen und konnte von Dozenten aus allen Ecken der Welt lernen", brennt die gebürtige Grazerin noch heute für die Lagunenstadt.

Verwurzelt ist sie dennoch seit jeher im elterlichen Tischlerbetrieb in Gleinstätten. „In der Südsteiermark bin ich zu Hause, umringt von Menschen, die ihr Herz auf der Zunge tragen, und umgeben von Genuss und jeder Menge unvergleichlicher Natur. Wir leben hier vielleicht noch ein bisschen intensiver, als es Menschen in anderen Gegenden tun", ist Kumpusch überzeugt. Einer ihrer Lieblingsplätze ist übrigens das 2-Hauben-Lokal von Norbert Thaller (→ siehe Seite 12), das sie eingerichtet hat. ■

Aus eigener Tasche

Magdalena Koinegg mag Träume, die gelebt werden, den Wermut ihres Vaters, den Geruch nach einem Sommerregen und lachen, bis ihr die Tränen kommen. Die Grafikdesignerin hat nach der Geburt ihrer beiden Kinder Alexander und Johannes nach einer weiteren kreativen Herausforderung gesucht und sie in ihrem eigenen Taschenlabel lenik gefunden. „Die Beziehungen zwischen Menschen und Produkten sind nicht ein für alle Mal festgeschrieben. Sie verändern sich, je nach den Ausprägungen der Gesellschaft. Die Bewegung geht ganz klar in Richtung Persönliches, Individuelles und genau da kommen meine Taschen ins Spiel", erklärt Koinegg, die auf Anfrage Taschenträume wahr werden lässt.

Alle Ledertaschen und -rucksäcke des Labels sind Unikate und können aus unterschiedlichsten Lederarten und -farben gefertigt werden. „Mir liegt es am Herzen, Ressourcen zu schonen, und deshalb arbeite ich fast ausschließlich mit Lederresten." Falls doch Verschnitt anfällt, fertigt die Designerin daraus Ohrgehänge und Armbänder. „Ich bin am Weinberg aufgewachsen – umgeben von Individualisten, die sich verwirklichen konnten. Hier, zwischen den Weinreben, bin ich verwurzelt. Hier fühle ich mich sicher und kann Dinge wie mein eigenes Label wachsen lassen."

MAGDALENA KOINEGG, LENIK

8443 Gleinstätten
T: 0664 414 79 87
W: www.maitzdesign.com

TRACHTEN- UND MODEHAUS SILBERSCHNEIDER

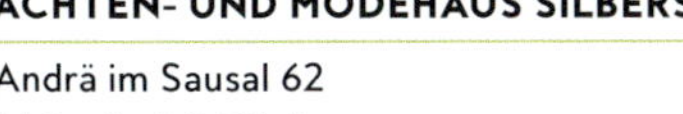

St. Andrä im Sausal 62
8444 St. Andrä-Höch
T: 03457 2295
W: www.mode-silberschneider.at
Koineggs Shoppingtipp

Genusshöhepunkte Sausal

ERHOLUNGSMEKKA

Lust auf Carpaccio von südsteirischen Flusskrebsen, Tafelspitzsulzerl oder Sulmtaler Maisbrust? Im Weinhotel der Familie Kappel speist man auch à la carte. Im dazugehörigen Weinberg-Spa wird man mit Vinoble-Produkten (→ siehe Seite 140) verwöhnt.

DAS KAPPEL
Steinriegel 25
8442 Kitzeck
T: 03456 2347
W: www.daskappel.at

INSTITUTION

Eine bunte Speisekarte mit ofenfrischer Quiche mit Hausgeselchtem, Hausnudeln mit Kürbis und Ofenbratl mit Paprikakraut und Serviettenknödel. Die Rieden Königsberg und Weißheimerkogel füllen das Glas.

GASTHAUS KOSCHAK
Nestelberg 43
8451 Heimschuh
T: 03456 2401
W: www.koschak.at

GEHALTVOLLE MILCH 

Seppi Fischer weiß, was seine Kühe bekommen und wie hochwertig die Milch ist, die sie liefern. Sein Topfen: zum Reinlegen gut! Dicke Milch, abgefüllt – ideal zum Sterz.

KÄSEREI FISCHER
Neurath 19
8442 Kitzeck
T: 03456 3465 oder 0664 545 13 65
W: www.fischer-kaese.at

SPEZIALITÄTEN-THEKE

Etwa um 1800 wurde die Familie Brand erstmals als Fleischhacker urkundlich erwähnt. Erich Brand schupft den Laden nun in achter Generation. Die Bestseller sind prämierter Schinkenspeck, Leberkäse und Schweinsmagerl. In der Wursttheke finden sich aber auch Gartenpikante und Florentiner.

FLEISCHER BRAND
Gleinstätten 19
8443 Gleinstätten
T: 03457 2264
und
Kadagasse 4
8430 Leibnitz
T: 03452 825 90
W: www.brand.fleischer.at

DIE EWIGE BLUME 

Zwischen Rosenblüten-Pfeffer-Gelee, Rosenblüten-Vanille-Sirup, Rosenaufstrich und -Frizzante ist Ulrike Stelzl zu Hause. Sie funktionierte das Anwesen der Schwiegereltern zur Genussoase samt Hofladen um.

ULRIKE STELZL GENUSSLADEN
Kitzelsdorf 17
8454 Arnfels
T: 0664 223 13 79
W: www.genussladen.cc

DER GIN DES LEBENS 

Hinter den Herstellern des Gins Aeijst - [Ej-st] sind im steirischen Dialekt die Äste - steht gleich eine ganze Familie: Wolfgang Thomann, Weinbauer und jetzt Schnapsbrenner, und seine Kinder Markus, Paul, Lisa und deren Freund Andreas bringen ein schlichtes Top-Produkt hervor.

AEIJST
St. Nikolai im Sausal 6
8505 St. Nikolai im Sausal
T: 0664 424 60 62
W: www.aeijst.at

GEFESTIGT

Sich der Wurzeln bewusst werden, lautet das stille Motto des Wurzerlhofs in Gleinstätten. Familie Opriessnig hat nicht nur Apartments und Gästezimmer, sondern entführt auch in die Kunst der Lomi-Lomi-Nui-Entspannung.

WURZERLHOF
8443 Gleinstätten 45
T: 0664 738 758 22
W: www.wurzerlhof.at

RIESLING ZUR JAUSE

Hans Peter Temmel ist für seine erfrischend-kernigen Rieslinge, ausgebaut auf Sausaler Boden, bekannt. Die angeschlossene Buschenschank wurde im Jahre 1837 im Erzherzog-Johann-Stil erbaut.

WEINGUT FELBERJÖRGL
Höch 47
8442 Kitzeck
T: 03456 3189
W: www.felberjoergl.at

GESUNDER LADEN

Viktoria Deutsch hat sich mit ihrem „Laden der Natur“ in Gleinstätten einen Lebenstraum erfüllt. Sie bietet zu erschwinglichen Preisen regenerierende Bio-Produkte, Schmuck, Räucherwerk, energetische Massagen und Workshops zu Gesundheitsthemen an.

LADEN DER NATUR
Gleinstätten 84
8443 Gleinstätten
T: 0664 536 84 27

FAMILIÄRE ABWECHSLUNG IM SAUSAL

SEILGARTEN SKRINGER
Eichberg 53
8453 St. Johann im Sausal
T: 03455 7755
W: www.weinbau-skringer-ranz.at

ERINNERUNGSHOF HERMANN
St. Nikolai im Sausal 40a
8505 St. Nikolai im Sausal
T: 0680 216 05 16
W: www.erinnerungshof-hermann.at

LAVENDELMANUFAKTUR
Greith 17+47
8442 Kitzeck
T: 0664 812 88 36
W: www.wunsum.com

DIE SUMME DER DINGE

Indem Elisabeth Brodatsch-Häusler auch Abfall zur Kunst erhebt, will sie neue Blickwinkel eröffnen und Gedankenprozesse initiieren. Neben fotografischen Projekten arbeitet sie auch mit Materialien wie Ton, Papiermaché, Holz und Porzellan.

ELISABETH BRODATSCH-HÄUSLER
Neurath 75
8442 Kitzeck
T: 0664 952 45 65

AM WEG

Die Blüten am Wegesrand

Wer von zu Hause wegfährt, will auch wo ankommen. Umgekehrt: Geht es von einer schönen Destination wieder heimwärts, möchte man das Ankommen bekanntermaßen oft noch etwas hinauszögern. Kulinarisches Andenken vergessen? Kein Problem. Noch ein letztes Mal in die Buschenschank? Geht auch. Einmal noch abtauchen? Möglich. Lust auf Urbanes in Form von Burger und Co.? Alles da.

Wer den Abreisetag aus der Südsteiermark noch auskosten will, findet am Weg Richtung Graz bereits nach wenigen Kilometern glücklicherweise einige herausragende und abwechslungsreiche Genussstationen, Einkaufsmöglichkeiten und Erlebnisadressen. Und wer sich schon bei der Anreise vorzeitig einstimmen will, nur zu! In diesem Sinn: Aus dem Weg, auf den Weg. Er ist ja schließlich auch ein Ziel.

Schicker Schuppen

Wer Fleisch mag, wird im „Prassers" mit großer Wahrscheinlichkeit Sitzfleisch beweisen. Was darf's sein? Vielleicht ein VIP-Burger mit Brioche-Bun, Black Angus Beef, Dolcelatte-Käse, heißer Trüffel-Sauce, würzigem Barbecue-Topping und knusprigen Süßkartoffel-Fries? Doch lieber Klassisches wie Zwiebelrostbraten mit Speckbohnen, Beef Tatar oder Wurstsalat mit Paprika und Ei für den kleineren Hunger? Hausherr Franz Prasser etabliert in Tillmitsch im schicken Industrial-Lifestyle-Ambiente seine Liebe zu Burgern, Pizzen und großen Portionen. Gegessen wird an Tischen aus halbierten Baumstämmen und vor urbaner Graffitikunst.

Franz Prasser ist vor allem für Feierwütige kein Unbekannter: Am nahe gelegenen Sulmsee, der eingebettet zwischen der Weinbauschule Silberberg, Schloss Seggau und dem Wallfahrtsort Frauenberg liegt, sorgt er seit vielen Jahren gastronomisch wie partytechnisch bei freiem Eintritt für gute Stimmung.

PRASSERS

Jösserstraße 2
8430 Tillmitsch
T: 03452 831 34
W: www.prassers.at

WURZINGERHOF GASTHAUS FAMILIE TRUMMER 

Wurzinger Straße 41
8410 Wildon
T: 03182 3232
W: wurzingerhof.at
Noch mehr Kulinarisches am Weg

SULMSEE  

Seggauberg 184
8430 Seggauberg
T: 03452 828 66
W: www.sulmsee.at
Auch hier schaltet und waltet Prasser

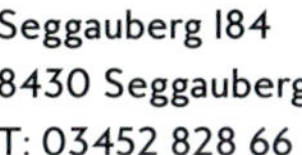

Heilkräfte zum Selbermachen

KRÄUTERRANKE MARION DAUM 

Grazer Straße 30
8430 Neutillmitsch
T: 0677 619 804 00
W: www.kraeuterranke.com

Wenn ich mir als Kind wehgetan habe, ist meine Oma auf die Wiese gelaufen und mit einem Kräutl zum Auflegen oder dem angesetzten Schnaps vom Opa wieder zurückgekommen", entsinnt sich Marion Daum früherer Tage. Mit acht Jahren hat sie ihr erstes Herbarium gefertigt und später eine Floristik-Lehre aufgenommen. Danach arbeitete sie jahrelang im Sozialbereich. Mittlerweile betreibt die dreifache Mutter eine Kräuterwerkstatt, in der sie Workshops rund um Suppenwürze, Wildkräuterauszüge und Tees anbietet und regelmäßig zu Kräuterstammtischen und sogenannten Rührtreffs einlädt. „Es ist mir wichtiger, das alte Wissen weiterzugeben als vorrangig Produkte zu verkaufen", gibt sich Daum antikapitalistisch, und so erfährt man von ihr, dass Brennnesselsamen nicht nur auf dem Butterbrot gut schmecken, sondern auch vitalisierend auf Tierfell wirken und Apfel-Rosen-Auszüge pflegende Wunder auf unserer Haut vollbringen.

Bei der Frage, welches Grün es ihr besonders angetan habe, kommt Daum ob der Vielfalt der Natur ins Schwärmen und bleibt dann doch beim Löwenzahn hängen: „Ich mag ihn, weil er so ganzheitlich und stark ist. Von der Wurzel bis zur Blüte kann man alles verwenden. Jedes Blatt ist anders – so wie wir Menschen", enthusiasmiert sich die Südsteierin. ■

Ein Leuchtturm

Leo Rath hat sie alle an der Angel – die Landratten, Sonnenhungrigen und Wasserflöhe. Alle finden sie am „Ankerpunkt“ zwischen szenischer Inspiration aus Ibiza, Rimini und Kroatien ihren Platz, um die latente Sehnsucht nach dem Meer an einem stylischen Schotterteich zu stillen. Im Logbuch stehen neben Vitamin D gegrillte Calamari von Chefkoch Jimmy, Holzofenpizza, Steaks, Pasta, Salate und Hipster-Burger. Die Kombüse beherbergt außerdem jede Menge Cocktails, 20 Gin-Sorten und Weine aus der Region. „Meine Eltern haben 1988 das Landhaus Rath in Gleinstätten eröffnet, das heißt, ich war schon immer irgendwie mit der Gastronomie verbandelt. Später habe ich im ‚Maroni‘ in Graz gearbeitet und das ‚Niteflight‘ in Leibnitz geführt. 2014 ging ich hier in Tillmitsch vor Anker“, skizziert Rath, der mit seiner Frau Manuela den „Ankerpunkt“ führt.

Freitags legt der Hausherr persönlich bei der mittlerweile legendären „Ahoi Party“ Schlagerhits auf und beweist, dass jener hippe Platz auch noch mächtig Kraft hat, wenn die Sonne längst untergegangen ist. Übrigens: Der Schotterteich Aldrian (Spitzname: Pier Süd) ist eigentlich ein Nebenprodukt der Rohstoffgewinnung und mit bestem Leibnitzer Trinkwasser gefüllt.

ANKERPUNKT

Heidenwaldweg 3
8430 Tillmitsch
T: 03452 760 80
W: www.ankerpunkt.at

Hoch hinaus

BILDUNGSHAUS SCHLOSS RETZHOF 

Dorfstraße 17
8435 Wagna
T: 03452 827 88
W: www.retzhof.steiermark.at

Wer denkt, im Bildungshaus Schloss Retzhof gehe es „nur" um Seminare, wird eines Besseren belehrt: Bestens betreut von Abenteuerpädagogen klettert man in Leitring nämlich in schwindelnde Höhen. 23 Stationen unterschiedlicher Schwierigkeitsgrade inklusive Flying Fox, Tree Jump und eines Aussichtsplateaus, das auf 18 Meter Höhe zu finden ist, warten im barrierefreien Hochseilgarten auf Mutige mit und ohne Rollstuhl. Zudem ist das wunderschöne Schloss mit seinem großzügigen Park in jedem Fall einen Spaziergang wert. Fuß- und Wirbelsäulenparcours nach Fitness-Spezialist Helmut Aigelsreiter laden zum naturnahen Bewegen und Verweilen ein. Außerdem locken das ganze Jahr über qualitätsvolle Kulturveranstaltungen.

Tipp: Vor allem in der Adventzeit und zu Ostern erstrahlt der Retzhof in besonderem Glanz, wenn Kunstschaffende aus der Steiermark, Slowenien, Kroatien und Ungarn ihre eindrucksvollen Exponate aus den Werkbereichen Keramik, Holz, Glas, Wolle, Seide, Naturkosmetik, Metall, Stein und Papier ausstellen (Ausstellungstermine werden online bekannt gegeben).

DELI 

Dorfstraße 18
8430 Leitring
T: 03452 890 79
W: www.deli.co.at
Gleich gegenüber dem Bildungshaus

Geschichtsträchtiges Stöbern

Spannend, welche Blüten Bruderliebe treibt. Für Gerald Bisjak und Siegfried Stiegler, einst in der Automobilindustrie tätig, wurde aus einer flüchtigen Idee eine Herzensangelegenheit. Das Faible für alte Sachen von der Oma vererbt, stand irgendwann fest: Das Hobby soll zum Beruf werden. Mit vereinten Kräften bauten die Brüder ihren Josefhof samt Werkstatt aus Teilen abgetragener Bauernhäuser eigenhändig auf. Seither beherbergen sie hier rare Möbelstücke von Barock bis Jugendstil. „Die Verbindlichkeit zwischen uns Brüdern ist unsere Stärke. Wir lassen den anderen nie hängen", verlautbart Gerald.

Karriere zu machen sei nie das Ziel der beiden gewesen. „Uns geht es im Leben um eine Grundzufriedenheit und die spüren wir ganz klar in unserer Werkstatt, beim Restaurieren", konstatieren die Südsteirer. Man wisse nie, was ein altes Möbelstück unter zahlreichen Schichten wirklich verbirgt und welche Geschichte ihm zugrunde liegt. Der Josefhof ist ein Ort, an dem Augen in Anbetracht eines raumhohen Oktobasses, exotischer Kupferstiche aus dem 17. Jahrhundert und des aufwendig gestalteten Außenbereichs ganz schön viel zu tun haben. Ein Ort, an dem Rares definitiv mehr zählt als Bares.

ANTIKES VOM JOSEFHOF 

Im Grünfeld 2
8403 Lebring
T: 0664 428 04 27
W: www.antikes-vom-josefhof.at

ANTIKES FLUCHER 

Dorfstraße 80
8430 Tillmitsch
T: 03452 844 25
W: www.antikes-flucher.at
Noch eine Adresse für Liebhaber

Der Stamm schreibt die Geschichte

MÖBELBAU BREITENTHALER

Hauptstraße 11
8431 Gralla
T: 03452 827 29-0
W: www.breitenthaler.at

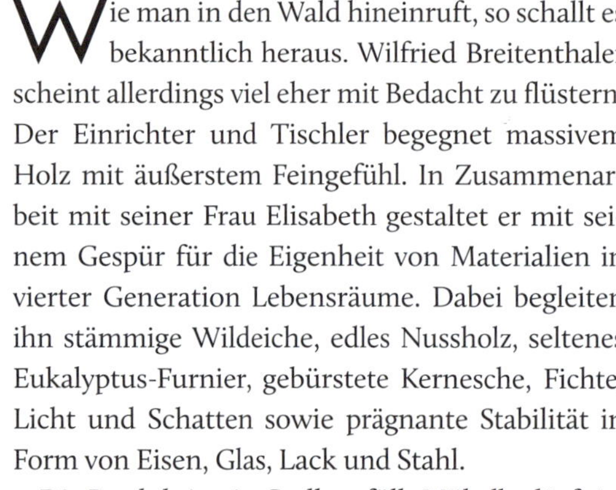

Wie man in den Wald hineinruft, so schallt es bekanntlich heraus. Wilfried Breitenthaler scheint allerdings viel eher mit Bedacht zu flüstern. Der Einrichter und Tischler begegnet massivem Holz mit äußerstem Feingefühl. In Zusammenarbeit mit seiner Frau Elisabeth gestaltet er mit seinem Gespür für die Eigenheit von Materialien in vierter Generation Lebensräume. Dabei begleiten ihn stämmige Wildeiche, edles Nussholz, seltenes Eukalyptus-Furnier, gebürstete Kernesche, Fichte, Licht und Schatten sowie prägnante Stabilität in Form von Eisen, Glas, Lack und Stahl.

Die Produktion in Gralla erfüllt Möbelbedürfnisse im privaten und gewerblichen Umfeld. Das ideenreiche Eigensortiment wird mit Designmöbeln, Leuchten und Wohnaccessoires von Gaggenau, Living Divani, Freifrau, Paola Lenti, Eden Design u.v.m. ergänzt. Seit 1908 ist Familie Breitenthaler mit Natur und Handwerk verbunden und führt Ästhetik, Form und Funktion zu einer freudigen Symbiose aus Holz zusammen. „Geölte, massive Hölzer, sägeraue Oberflächen und natürliche Textilien wie Loden, Wolle, Leinen und Hanf stillen unsere ungebremste Sehnsucht nach Nachhaltigkeit. Jeder Baumstamm hat seine Geschichte und durch die Verarbeitung setzt sich diese Geschichte in den Möbeln fort“, verbalisiert Breitenthaler seine Ideologie.

Plädoyer mit Kochlöffel

Die Südsteiermark ist eine so lebenswerte Region mit vielen wunderschönen und einzigartigen Plätzen. Wann immer wir andere Länder, Orte, Gegenden besuchen, stellen wir uns die Frage, ob wir hier leben möchten. Doch in der Südsteiermark ist es einfach am schönsten", sind sich Lorenz und Heike Kumpusch einig.

Nach seiner Kochlehre in Graz arbeitete Lorenz im Rogner Bad Blumau, danach verschlug es ihn für einige Jahre nach Wien, wo er unter anderem im Palais Coburg arbeitete. Nun werkt er in Wildon und tüftelt gemeinsam mit seiner Gattin an Wermut-Kreationen, die Käse und Fleisch schmeichelnd begleiten. Die Leidenschaft für gute Produkte wie Grazer Trüffel, Pfeffermarille und Steinpilzsalz, Essen, Trinken und natürlich das Kochen gibt Lorenz auch in Kochkursen weiter.

HANDGMOCHT'S – LISI WALLNER

Wurzingerstraße 1
8410 Wildon
T: 0664 914 42 38
Kunsthandwerk & Bauernladen

Wohin die Reise künftig noch gehen soll? „Unsere Reise soll in ein für uns geschlossenes Ganzes führen. Wir träumen schon lange von einem kleinen Lokal mit Verkaufsraum für unsere Gaumengut-Kreationen", gesteht das Paar.

GAUMENGUT 

Lindenweg 6
8410 Wildon
T: 0660 553 32 91
W: www.gaumengut.at

Schäumende Diplomatie

HERZOGS BIERBOTSCHAFT 

Ponigler Straße 52
8142 Wundschuh
T: 0676 353 05 60
W: www.bierbotschaft.at

In der Liga der Bierbäuche fühlt sich Anita Herzog zu Hause. Mit ihrem von Hand gebrauten Damenbier – malzsüß, wenig Bitterstoffe, hanf-blumig im Abgang – fing in der Garage einst alles an. Der Motor dafür war ihre eigene Liebe zum Gerstensaft. Mittlerweile kauft sie der hopfenverliebten Männerdomäne die Schneid ab und führt mit ihrer Familie eine eigene Bierbotschaft. „Der Doktor kann hupfen, so viel er will – ich trinke meine drei Glaserl am Tag. Schließlich ist mein Bier gesund", gibt sich Herzog selbstbewusst. Das umfangreiche Sortiment umschließt Bierklassiker sowie internationale Bierstile und bringt kreative Kreationen wie Erdäpfel- und Maisbier, Sauvignon Ale sowie Kaffee- und Chilibier hervor. „Für Experimentierfreudige habe ich außerdem noch Sorten wie Kirsche, Kastanie, Heidelbeere, Kumquat, Gin und Walnuss im Programm."

In der Küche der Bierbotschaft zelebriert Sohn Richy die Einfachheit, die manchmal der Perfektion am nächsten kommt. „In unserem Bierwirtshaus spielt natürlich Bier auch am Herd eine Rolle. Wir verfeinern damit unsere Speisen und nutzen die große Geschmacksvielfalt von Hopfen und Malz."

Tipp: Die Location eignet sich für größere Anlässe und Familienfeiern. Ein Highlight ist der runde Stammtisch mit eigenem Zapfhahn!

Noch mehr Hopfenlastiges aus der Umgebung:

HENGIST KULTURBIER & PUB

Schönberg 24
8411 Hengsberg
T: 0664 279 33 06
W: www.hengistbier.at
Burger und Biere aus der hauseigenen Brauerei

RICHARDS BIERATELIER 

Richard Lipp
Ahornweg 2
8435 Leitring
T: 0664 341 20 60
W: www.richardsbieratelier.at
Von Pils bis Schwarzbier

Genusshöhepunkte Am Weg

TOPF UND DECKEL

Ein Familienbetrieb, der nur Kernöl, Zwiebel und frische Kräuter aus dem hofeigenen Garten als Geschmacksverstärker deklariert. Genächtigt wird im 150 Quadratmeter großen Ferienhaus.

GASTHAUS SCHEINZGER
Lang 12 und Langaberg 45
8403 Lang
T: 03182 2420
W: www.schweinzger.at

EINGEFLEISCHT

Vom Bio-Schweinefleisch als Schmankerlplatte für zwei bis hin zum Buffet für Firmenfeiern. Den Kürbiskrustenleberkäse und die Paprikasalami darf man ruhig gekostet haben.

SPEZIALITÄTENWERKSTATT MONSCHEIN
Maggau 3
8421 Wolfsberg
T: 03184 2388 oder 0676 531 38 21
W: www.steirischgut.at

BOCK AUF AUSSICHT

Auf einer Anhöhe in Wildon sitzt man bei schönem Wetter unter Bäumen und einer Laube. Das Schweinefleisch liefert Familie Kurzmann und wird vor Ort veredelt. Brot und Mehlspeisen sind Familienrezepte.

WEINGUT BOCKMOAR
Bockberg 1
8410 Wildon
T: 03182 2534
W: www.bockmoar.at

FARBENFROHE RAST

Für einen raschen Auto- oder Radstopp zwischendurch: Kaffee, hausgemachte Mehlspeisen und Kieslinger Säfte bzw. Weine (→ siehe Seite 122). Mit Secondhandshop nebenan.

SABATHI/BUNTE KISTE
Sabathiweg 1
8430 Neutillmitsch
T: 03452 836 51
W: www.buntekiste.at

BARBETRIEB

In der Café-Bar-Lounge wird wochentags ein Mittagsmenü gekocht, samstags wird hier lange gefrühstückt und den Abend gestalten Drinks, Cocktails und ofenfrische Panini.

CAFÉ BAR B.QUEM
Stangersdorf Gewerbegebiet 110
8403 Lebring
T: 0664 463 14 00
W: www.b-quem.at

KULTURGUT

Eva Kohlbachers Sammelleidenschaft begann mit der Schildkrötpuppe Erika. 2014 hat sie ihren Traum verwirklicht und ein privates Schul- und Puppenmuseum eröffnet.

EVIS KLEINE WELT SCHULMUSEUM
Dorfstraße 38
8403 Lebring
T: 0676 783 02 10
W: www.eviskleinewelt.com

Weitere Landmarks

Evergreens, die nicht unerwähnt bleiben sollen

HOLZHÜTTN

Rettenbach 19
8430 Seggauberg
T: 03452 844 12
W: www.holzhuette.co.at

KIRCHENWIRT HEBER

Steinriegel 52
8442 Kitzeck
T: 03456 2225
W: www.kirchenwirt-heber.at

LANDGASTHOF WRATSCHKO

Marktplatz 9
8462 Gamlitz
T: 03453 2647
W: www.wratschko.at

WEINGUT ALBERT

Gauitsch 19
8442 Kitzeck
T: 03456 2239
W: www.weingut-albert.at

PETER SKOFF DOMÄNE KRANACHBERG

Kranachberg 50 – Sauvignonweg
8462 Gamlitz
T: 03454 6104
W: www.peter-skoff.at

WEINGUT PILCH

Ottenberg 34
8461 Ratsch an der Weinstraße
T: 03453 2582
W: www.weingut-pilch.at

WEINGUT HACK-GEBELL

Eckberg 100
8462 Gamlitz
T: 0699 181 593 18
W: www.hack-gebell.at

ADAM SCHERERKOGL

Steinbach 53
8462 Gamlitz
T: 03453 3830
W: www.adam-schererkogl.at

SKOFF ORIGINAL – WALTER SKOFF

Eckberg 16
8462 Gamlitz
T: 03453 4243
W: www.skofforiginal.com

ZWEYTICK

Unterlupitscheni 49
8461 Ehrenhausen
T: 0664 441 40 44
W: www.zweytick.at

WEINGUT MUSTER.GAMLITZ

Grubtal 14
8462 Gamlitz
T: 03453 2300
W: www.muster-gamlitz.at

WEINGUT SCHNEEBERGER

Pernitschstraße 31
8451 Heimschuh
T: 03452 839 34
W: www.weingut-schneeberger.at

Glossar

ÖSTERREICHISCH-STEIRISCHE BEGRIFFE

Buschenschank: Heurigenlokal
Häferl: Tasse
Keuschen, Keuschn: sehr kleines Bauernhaus; früher für Weingartenarbeiter; Kleinbauern wurden als Keuschler bezeichnet
Klapotetz: hölzerne Windmühle zum Vertreiben der Vögel aus dem Weingarten; heute Symbol für die Weinbautradition in der Steiermark
Kracherl: Limonade
matschgern: sich beklagen
Nockerl: Spätzle
Schaffel: großer Behälter
Stadl: Scheune
Stubn: Stube
Tandler: Kleinwarenhändler
Verhackerts: Speise aus klein gehacktem geräuchertem Schweinefleisch
Wipferl: Feine Knospen der Nadelbäume

KLEINE WEINBAU-KUNDE

Dosage: geschmackliche Feinabstimmung bei der Sektherstellung
Hube: kleine Bauernwirtschaft
Lage: Anbauort des Weins
Maische: Gemisch aus Fruchtfleisch, Kernen, Schalen und Saft der Trauben
Plenterwirtschaft: bäuerliche Form der Waldwirtschaft (im Gegensatz zu Kahlschlagwirtschaft)
Riede: selbstständiger Gebietsteil infolge der weinbaulichen Nutzung; vergleichsweise Einzellage
Terroir: schmeckbarer, geologisch-klimatischer Gesamtkontext von Wein

Über die Autorin

Tina Veit-Fuchs, Mag., geb. 1984 in Graz, Studium der Anglistik/Amerikanistik, Absolventin des Medienkundlichen Lehrgangs und Dipl. Sozial- und Berufspädagogin. Arbeitet seit 2004 als freiberufliche Texterin, Autorin und Konzeptionistin für diverse Printmedien und Unternehmen, lebt in der Südsteiermark.

STYRIA
BUCHVERLAGE

Wien - Graz

ISBN 978-3-222-13625-2

Bücher aus der Verlagsgruppe Styria gibt es
in jeder Buchhandlung und im Online-Shop
www.styriabooks.at

Coverfotos (von links oben nach rechts unten):
Marion Luttenberger für Weingut Lackner-Tinnacher, Rebenhof/Josef Krassnig, Gery Wolf, ah_Fotobox/GettyImages, Tom Lamm, Harry Schiffer;
Rückseite: Pixelmaker/Robert Sommerauer;
Vorsatz: Weingut & Genießerhotel Sattlerhof/Johanna Lamprecht; Nachsatz: Alexander Leljak
Lektorat: Carina Manutscheri
Projektleitung: Elisabeth Blasch
Covergestaltung: Emanuel Mauthe
Buchgestaltung: designation e.U.

Druck und Bindung: DZS Grafik, d.o.o.
7 6 5 4 3 2 1
Printed in the EU

BILDNACHWEIS

S. 2-3 ah_fotobox/iStock/Getty Images Plus; S. 5 Marion Luttenberger; S. 8-9 Pixelmaker/Robert Sommerauer; S. 11 Michaela Lorber; S. 13 Tina Veit-Fuchs, Gasthaus Thaller; S. 14 Unsplash; S. 15 Tina Veit-Fuchs; S. 16 Tinksi; S. 17 Tina Veit-Fuchs; S. 19 Haus Waldesruh; S. 20 BMW Architekten und Partner, Kada; S. 21 Tina Veit-Fuchs; S. 22 Tina Veit-Fuchs; S. 23 Tina Veit-Fuchs; S. 25 Christian Jungwirth, Apresvino, Breitenthaler; S. 26 Foto Pernold; S. 27 DiePaar; S. 28-29 Traussner-Mühle Tatzl KG; S. 30 Foto Augenblick; S. 31 Mischa Nawrata 2017; S. 32 Unsplash, Kirchenwirt; S. 34 Felix WeinStock, Unsplash; S. 35 Monika Schloffer; Photography, Weingut Georgiberg; S. 36-27 Marion Luttenberger; S. 38 Pixelmaker/Robert Sommerauer; S. 39 Tina Veit-Fuchs; S. 40 Steinberghof Weingut Firmenich; S. 41 Blendpunkt; S. 42-43 Pures Leben - Steiermark - Österreich, www.guenterstandl.de; S. 44 STIN Styrian Dry Gin; S. 45 Karin Bergmann; S. 46 Hotel Hochgrassnitzberg; S. 47 Oliver Wolf, 2013 by Schloss Spielfeld Verwaltungs- und Betriebs- GmbH; S. 48 Tina Veit-Fuchs, Unsplash; S. 49 Tina Veit-Fuchs; S. 50 Harald Eisenberger; S. 51 Fruchtbrennerei Franz Tinnauer; S. 52 Krisper; S. 53 Die Amtmann; S. 54 Heinrich Meisl; S. 55 Kunstraum Welles; S. 56 Hotel Vincent; S. 57 Weingut Schnabl; S. 58-59 Marion Luttenberger, Simon Oberhofer; S. 60 Tina Veit-Fuchs; S. 61 Gartenbau Wruss; S. 62-63 Gartenbau Wruss/Elisabeth Sitar-Pizzuti; S. 64-65 Goedwinemakers, S. 66-67 Sattlerhof Weingut & Genießerhotel, Gerry Wolf, Sattlerhof, Gerd Kressl; S. 68 Unsplash; S. 69 Sabrina Stummer; S. 70 Stiefkind, Martin Hauser; S. 73 Logisl25 Martin Duckek; S. 74 Tina Veit-Fuchs, Christian Glösl, Christian Körver; S. 75 Tourismusverband Gamlitz; S. 76-77 Weingut Kögl; S. 78 moodle brand identity; S. 79 Harald Eisenberger, Weingut Maitz; S. 80 Rebenhof; S. 81 Ewald Zweytick Wein; S. 82-83 Lupi Spuma; S. 84 Tom Lamm, Weingut Tauss; S. 85 Weingut Andreas Tscheppe; S. 86-87 Blendpunkt; S. 88 MITANANDA H.O.F.; S. 89 Zebuhof Muster; S. 91 Stiefkind; S. 92-93 Birgit Lang; S 94-95 Konstantin Taufner-Mikulitsch; S. 96 Unsplash; S. 97 Weingut Werlitsch; S. 98-99 Georg Ott für Gut Pössnitzberg; S. 100-101 Stefan Heinisch und Daniel Gollner; S. 102-103 Marion Luttenberger, Moni Fellner; S. 104 Steve Haider; S. 105 Ulrike Elsneg/TV Die Südsteirsiche Weinstraße; S. 107 Sternhof Vitalkosmetik, Tina Veit-Fuchs; S. 109 Sunkihof - Ferienhäuser; S. 110-111 Ferienhäuser Thombauer; S. 112 Eselhof Winkler; S. 113 Klapothek; S. 114-115 Tom Lamm; S. 117 Tina Veit-Fuchs; S. 118 Nicole Rudolf; S. 119 Angelika Fink; S. 120 Tina Veit-Fuchs, Unsplash; S. 121 Karin Bergmann; S. 122 Unsplash; S. 124-125 Marion Luttenberger; S. 127 Kogelberger Wollschweine; S. 128 Heimo Kastenhuber; S. 129 Hotel Schloss Seggau; S. 130 Unsplash; S. 131 Tempelmuseum Frauenberg, Roland Marx; S. 132 Markus Beren; S. 133 Ölmühle Hartlieb; S. 134 Tina Veit-Fuchs; S. 135 Robert Pilch; S. 136 Naturparktischlerei Gollob; S. 137 Tina Veit-Fuchs; S. 138-139 Winzerhaus Weingut Wutte; S. 140 Vinoble; S. 141 Weingut Schnabel; S. 144 Tina Veit-Fuchs; S. 145 Christopher Mavric; S. 146-147 Golden Hill Country Chalets & Suites; S. 148 Tina Veit-Fuchs; S. 149 Christian Jungwirth; S. 150-151 Apresvino, CroceundWir, Marija Kanizaj, Weingartenhotel Harkamp; S. 152-153 Kaariegel Christof Heissenberger/Stefan Heissenberger, Heribert Kasper/Kasper & Team; S. 154-155 Andreas Hechenberger; S. 156-157 Tina Veit-Fuchs; S. 158-159 Karin Bergmann; S. 160 Tina Veit-Fuchs; S. 161 Karin Bergmann; S. 162-163 Weiberhof; S. 164 TV Sulmtal Sausal Landhaus Stattiger; S. 165 Tina Veit-Fuchs; S. 166 Tina Veit-Fuchs; S. 167 Cathrin Wolff; S. 168-169 Lupi Spuma; S. 170 Marija Kanizaj; S. 171 Magdalena Koinegg; S. 172 Petr Blaha; S. 173 Tina Veit-Fuchs; S. 174 Erinnerungshof Hermann; S. 175 TV Sulmtal Sausal, Elisabeth Brodatsch-Häusler; S. 176-177 Sattlerhof Weingut & Genießerhotel; S. 179 Prassers; S. 180 Unsplash; S. 181 Karin Bergmann, Ankerpunkt; S. 182 g-graphiczone.com Tomo Jesenicnik; S. 183 Antikes vom Josefhof; S. 184 Elena Egger; S. 185 Gaumengut Kumpusch; S. 186 Augenblick Barbara Zapfl; S 189 Alexander Leljak, S. 190 Blendpunkt; S. 191 Alexander Leljak